AF311195

1645.

JODELET

OU

LE MAITRE VALET,

COMÉDIE

DE SCARRON.

AVERTISSEMENT

LE sujet de cette piéce est empruntée de l'Espagnol, *de Don Juan d'Alvaredo*. Il ne faut y chercher ni mœurs, ni conduite, il y a quelques plaisanteries, & beaucoup de platitudes; elle est restée au Théatre, où elle parait rarement; lors qu'elle fut jouée, son succès surpassa celui des autres du même tems, & il fut célébré par *Sarazin*, dans une Epitre au Comte de *Fiesque*. L'Auteur l'a dédiée au commandeur *De Souvré*.

VIE DE SCARRON.

PAUL SCARRON, d'une ancienne famille, originaire de Montcallier en Piémont, où l'on voit dans l'Eglife Collégiale une chapelle fondée fur la fin du treifiéme fiécle par Louis *Scarron*, qui y a un tombeau de marbre blanc, avec fes armes, naquit à Paris en 1610. Perfécuté par une marâtre, qui fut s'approprier une partie des biens de fon père, & fe faire donner l'autre, nôtre poëte fut obligé de fe deftiner à l'Etat Eccléfiaftique, & obtint un canonicat de la Cathédrale du Mans : mais l'attrait trop vif du plaifir l'aïant porté à vivre un peu trop rapidement, il tomba à l'âge de vingt-fept ans dans une paralyfie qui lui ôta l'ufage de fes mains, & de fes jambes, il abandonna ce Canonicat, & vint demeurer à Paris, fa maifon s'y trouva bientôt fréquentée par nombre de gens d'efprit & de qualité, qui le vifitaient pour foulager fes maux, & réjouïr fon efprit naturellement agréable. Dans la fuite il époufa Mlle. *Daubigné*, fi connuë depuis fous le nom de Mde. De *Maintenon*. Il s'attacha au genre d'écrire que nous appellons burlefque, dans lequel il a excellé auſſi bien en proſe qu'en vers. Il avait une terre près d'Amboiſe qu'il vendit ſix mille Ecus à M. Nublé Avocat, ſur le ſeul détail qu'il lui en fit, mais M. Nublé ayant été voir ce bien, jugea qu'il valait d'avantage, & donna à *Scarron* deux mille écus de ſupplément : trait généreux qu'on a cru devoir rapporter, à l'exemple de pluſieurs Auteurs. Outre les pièces de Théatre dont nous allons faire mention ; Scarron a compoſé en vers burleſques l'*Enéïde* en huit livres, ſous le titre du *Virgile traveſti*, & la *Gigantomachie* en cinq chants, & il a fait en proſe *Le Roman Comique*, & des *Nouvelles Eſpagnoles*, traduites en Français, & un volume de lettres, ſans parler de pluſieurs autres pièces en petits vers, dont la plus remarquable eſt la Requête au Cardinal de Richelieu, ſur l'exil de ſon père, Conſeiller de Grand' Chambre au Parlement. *Scarron*, mourut à Paris le 14. Octobre 1660, & fut inhumé en l'Egliſe de St. Gervais.

Ses pièces de Théatre, données depuis 1645. ſont *Jodelet*, ou *le Maître Valet*, *Jodelet Deulliſte*, *les Boutades du Capitan Matamore* ; *l'héritier ridicule* ; *Don Japhet d'Arménie* ; *l'Ecolier de Salamanque ; le Gardien de foi-même ; le Marquis ridicule ; la fauffe apparence ; & le Prince Corfaire ;* fes Comédies font plus burlefques que Comiques.

Nous croions ne pouvoir mieux finir, que par un jugement très-fenfé de M. Bruzen de la Martiniere (Editeur des ouvrages de Scarron) fur le Théatre de l'Auteur, qui fait le fujet de cet article. „ *Scarron*, n'était pas un homme à étu„ dier ni les règles, ni les modéles du Poëme „ Dramatique : il n'en avait ni la patience, ni „ le loifir. Ariftote, Horace, Plaute, & Te„ rence, lui auraient fait peur, & peut-être ne „ favait-il pas qu'il y eut jamais eû d'Ariftopha„ ne, il voyait devant lui un chemin frayé : la „ mode de ce tems était de piller les poëtes Ef„ gnols : Scarron favait cette langue, il lui était „ plus facile de moiffonner dans un champ, où il „ trouvait déja tout préparé, que de fe rompre „ la tête à inventer un fujet, & enfuite à le met„ tre dans la règle des trois unités. Il commen„ ça à fecouër un joug, dont fon efprit, enne„ mi de toute contrainte ne pouvait s'accommo„ der. Une Comédie alors, n'était autre chofe „ qu'une intrigue affez obfcure d'abord ; qui par

„ des méprifes, fouvent par l'étourderie d'un
„ valet, mauvais plaifant pour l'ordinaire, di-
„ fait quelques ridicules douceurs à la fuivante,
„ qui répondait à coup fûr dans le même ftyle.
„ Un vieillard, & un mari rebuté, auquel on
„ oppofait un amant plus aimé qu'aimable, four-
„ niffait quelquefois une fcène, plus ou moins
„ comique. Point de mœurs, point de carac-
„ tères, point d'unité, point de régles. Un
„ Acte repréfentait une entrevuë dans un jardin:
„ un autre fe paffait dans un hôtel : fouvent un
» troifième repréfentait un quartier de la Ville,
„ à un quart de lieuë de la fcène du premier
„ Acte ; les anciens comiques, tant Efpagnols,
„ que Français, n'y regardaient pas de fi près.
» Des ouvrages ou rien ne génait l'Auteur, fe
„ faifaient facilement. Une imagination échauf-
„ fée fuffifait pour les produire. Les Efpa-
„ gnols étaient riches de cette forte de compofi-
„ tion. Scarron, qui poffédait cette langue,
„ prenait d'eux, l'intrigue d'une Comédie, &
„ n'avait qu'à y répandre le badinage, qui lui
„ était fi naturel : ainfi une piéce de Théatre
„ lui coûtait peu : toutes les fiennes font des fu-
„ jets Efpagnols ; chez lui le travail confiftait,

„ non à faire parler plaisamment les personna-
„ ges comiques, mais à donner des expressions
„ sérieuses à ceux qui devaient parler sérieuse-
„ ment. Le sérieux était une langue étrangère
„ pour lui. Le grand succès de son *Jodelet Maî-*
„ *tre*, était une merveilleuse amorce pour lui.
„ Les Comédiens, qui s'en étaient bien trou-
„ vés, lui demandèrent avec empressement de
„ nouveaux ouvrages : ils lui coûtaient peu,
„ il en tirait de bonnes sommes, il se divertis-
„ sait à les faire. Fallait-il d'autres raisons pour
„ le faire pencher vers ce travail ?

PERSONNAGES.

DOM JUAN D'ALVARADE.

DOM LOUIS DE ROCHAS.

DOM FERNAND DE ROCHAS.

ISABELLE DE ROCHAS.

LUCRECE D'ALVARADE.

JODELET, *valet de* DOM JUAN *d'Alvarade.*

ETIENNE, *valet de* DOM LOUIS *de Rochas,*

BEATRIX, *Servante d'Isabelle.*

La Scène est à Madrid.

JODELET

OU

LE MAITRE VALET,

COMÉDIE.

ACTE PREMIER.

SCENE PREMIERE.

JODELET, D. JUAN.

JODELET.

Oui, je n'en doute plus, ou bien vous êtes fou,
Ou, le Diable d'Enfer, qui vous casse le cou,
A depuis peu chez vous élu son domicile :
Arriver à telle heure en une telle ville,
Courir toute la nuit sans boire ni manger,
Menacer son valet & le faire enrager !

D. JUAN.

Taisez-vous, maître-sot. Cette rue où nous sommes
mes
Est celle que je cherche.

J O D E L E T.

O le plus fou des hommes !
Et qu'y voulez-vous faire après minuit fonné,
Aller voir Dom Fernand ?

D. J U A N.

Oui, tu l'as deviné,
Je veux dès cette nuit aller voir Ifabelle.

J O D E L E T.

Dès cette nuit plûtôt vous brouiller la cervelle,
Si cervelle chez vous eft encore à brouiller.

D. J U A N.

Si faut-il, Jodelet, te réfoudre à veiller.
Quelque las que tu fois, quelque faim qui te tue,
Je ne fuis pas d'avis de fortir de la rue,
Sans avoir vu de près l'objet de mon amour,
Le duffai-je chercher jufques au point du jour.

J O D E L E T.

Reffouviens-toi, mortel, qu'il eft tantôt une heure,
Que l'on ouvrira point où Dom Fernand demeure,
Que nous fommes partis ce matin de Burgos,
Que tantôt fur mulets, & tantôt fur chevaux,
Nous avons vous & moi, grace à votre Hymenée,
Couru comme deux foux le long de la journée,
Et que toute la nuit faire le chat-huant,
Eft très-grande folie au Seigneur Dom Juan.

D. JUAN.

Ressouviens-toi mortel, que n'aimer que sa gueule,
Que ne vivre ici-bas rien que pour elle seule,
Est être pis que bête ; & donc , ô Jodelet !
Vous n'êtes qu'une bête habillée en valet.

JODELET.

Que je hai les railleurs ?

D. JUAN.

Que je haï les yvrognes !

JODELET.

Que je hai les amans, & leurs mourantes trognes !

D. JUAN.

Moi, que j'aime Isabelle, & que son seul portrait
Me perce jusqu'au cœur d'un redoutable trait !

JODELET.

Vous êtes donc de ceux qu'une seule peinture
Remplit de feu Gregeois, & met à la torture.
Et si Monsieur le Peintre a bien fait un museau,
S'il s'est heureusement escrimé du pinceau,
S'il vous a fait en toile une adorable idole,
L'original peut être une fort belle folle,
Sa bouche de corail peut enfermer dedans
De petits os pourris au lieu de belles dents.
Un portrait dira-t-il les défauts de sa taille ?
Si son corps est armé d'une jaque-de-maille ?

S'il a quelques égouts outre les naturels,
Accident très-contraire aux appetits charnels ?
Enfin si ce n'est point quelque horrible squelette,
Dont les beautés la nuit font dessous la toilette ?
Ma foi si l'on vous voit de femme mal pourvu,
Puisque vous vous coëffez avant que d'avoir vu,
Vous ne serez pas plaint de beaucoup de personnes.

D. J U A N.

Sais-tu bien, Jodelet, que lorsque tu raisonnes,
Il n'est pas sous le Ciel un plus fâcheux que toi ?

J O D E L E T.

Il n'est pas sous le Ciel un plus fâché que moi,
Quand il faut à taton courir de rue en rue,
Ou bien sous un balcon faire le pied de grue.

D. J U A N.

Jodelet ?

J O D E L E T.

Don Juan ?

D. J U A N.

Sans doute mon portrait.
Envers mon Isabelle aura fait son effet,
J'y suis peint à ravir.

J O D E L E T.

Je sai bien le contraire.

D. J U A N.

Que dis-tu ?

JODELET.

Je vous dis, qu'il n'a fait que déplaire.

D. JUAN.

D'où diable le fais-tu ?

JODELET.

D'où ? je le fai fort bien ;
Parce qu'au lieu du vôtre elle a reçu le mien.

D. JUAN.

Traitre, fi tu dis vrai, (mais je crois que tu railles)
J'irai chercher ta vie au fond de tes entrailles.

JODELET.

Venez-la donc chercher : car je ne raille point ;
Mais en frappant mon corps , épargnez mon
   pourpoint.

D. JUAN.

Ne penfe pas tourner la chofe en raillerie.
Dis comment l'as-tu fait ?

JODELET.

Vous êtes en furie.

D. JUAN.

Oui, j'y fuis tout de bon, je n'y fus jamais tant.

JODELET.

Lorfqu'avec bon congé du Cardinal Infant,
Et lettres de faveur nous partimes de Flandre.

D. JUAN.

Eh bien!

JODELET.

Ecoutez donc, & vous l'allez aprendre:
Le défir violent de vous voir à Burgos
Vous fit aller bien vite, & par monts & par vaux.
Le voyage fut court, mais à notre arrivée
Un frère mis à mort, une fœur enlevée,
Sans favoir où, par qui, ni pourquoi, ni comment,
Vous penférent quafi gâter le jugement.

D. JUAN.

A quel propos, méchant, viens-tu r'ouvrir ma playe
Par le reffouvenir d'une perte trop vraye?
Hà! frère non vengé, fœur qui m'ôtes l'honneur,
Et de ton affaffin, & de ton fuborneur,
Je faurai par mon bras fi bien me fatisfaire,
Que je pourrai vanter ce que j'avais à taire.
Mais venons au portrait.

JODELET.

       J'y vai tant que je puis,
Mais, ma foi, je ne fai quafi plus où j'en fuis:
Je ne fais que tirer, & rengainer ma langue;
Car vous interrompez à tout coup ma harangue,
Je n'ai pourtant rien dit qui ne foit à propos.

D. JUAN.

Que ne racontes-tu la chofe en peu de mots !

JODELET.

Je ne puis pas parler tandis qu'un autre caufe.
Pour moi, je dis toujours par ordre chaque chofe.
Or pour votre portrait que j'avais oublié...

D. JUAN.

Jamais fes longs difcours ne m'ont tant ennuyé.

JODELET.

A peine fûmes-nous de retour en Caftille,
Que Fernand de Rocas vous propofa fa fille.
Là-deffus, fon portrait, qui vous fût apporté,
Vous rendit plus brulant que le Soleil d'Eté ;
Vingt mille écus étoient offerts avec la belle,
Et vous pour la charmer, comme vous l'étiez
    d'elle,
Vous voulûtes auffi qu'elle eût votre portrait,
Ainfi vous la frappiez avec fon même trait :
Lors à bon chat bon rat, & la pauvre Donzelle
Etait pour en avoir profondément dans l'aile ;
Le ftratagème était d'amant bien rafiné,
Mais le Ciel autrement en avait ordonné.

D. JUAN.

Enfin finiras-tu quelque jour ton hiftoire ?

JODELET.

Oui, Seigneur, mais il faut vous remettre en mémoire,
Car pour moi, je suis las de me ressouvenir.

D. JUAN.

Fusses-tu las aussi de tant m'entretenir !
J'ai bien ici besoin de patience extrême.

JODELET.

Vous vous souviendrez donc que votre Peintre
  même
Me voulut peindre aussi.

D. JUAN,

       Poursuis, je le sai bien!

JODELET.

Savez-vous bien aussi qu'il ne m'en couta rien;
Et que ce bon Flamand est brave homme, ou je
  meure ?

D. JUAN.

Eh bien, crois-tu pouvoir achever dans une heure?
As-tu brulé, vendu, bu, mangé mon portrait ?
L'ai-je encore, l'a-t-elle, enfin qu'en as-tu fait ?

JODELET.

Donnez-moi patience, & vous allez l'aprendre.
Mais retournons chez nous, & laissons-là la Flandre.

Comme j'étais après à vous empaqueter,
Vous savez que je suis très-facile à tenter,
Et que le Ciel m'a fait curieux de nature,
Pour votre grand malheur j'avisai ma peinture ;
Celle qu'au Païs-Bas, comme je vous ai dit,
Sans qu'il m'en coutât rien votre Peintre me fit ;
Je la mis aussi-tôt vis-à-vis de la vôtre,
Pour voir si l'une étoit aussi belle que l'autre :
Lors je ne sai comment le diable s'en mêla,
Ni ne puis vous conter comment se fit cela,
La mienne prit la poste, & la vôtre restée
Fit que j'eus quelques jours la tête inquiétée :
Mais le tems qui dissipe & chasse les ennuis,
M'ayant favorisé de quelques bonnes nuits,
Je me suis défâché de peur d'être malade.
Vous, si vous me croyez, sans faire d'incartade,
Vous ne songerez plus au mal que j'ai commis ;
Puisque c'est par mégarde, il doit être remis ;
Voilà la vérité, comme on dit, toute nue.

D. JUAN.

Et qu'aura-t-elle dit de ta face cornue ?
Chien ! qu'aura-t-elle dit de ton nez de Blereau ?
Infame !

JODELET.

Elle aura dit que vous n'êtes pas beau.

Et que fi nous étions Artifans de nous-mêmes,
On ne verroit par-tout que des beautés extrêmes,
Qu'un chacun fe feroit le nez efféminé,
Et que vous l'avez tel que Dieu vous l'a donné.
Mais que mal à propos peü de chofe vous choque!
Si vous pouvez demain lui conter l'équivoque,
Quand elle vous verra brillant comme un Phébus,
Vous me remercirez d'un fi plaifant abus.

D. J U A N.

Paix-là, je vois quelqu'un qui faura bien peut-être
Où loge Dom Fernand : va le joindre.

J O D E L E T.

Mon Maître?

D. J U A N.

Que veux-tu ? parle bas.

J O D E L E T.

Peut-être il n'en fait rien.

D. J U A N.

Hà, malheureux poltron ! tu mériterois bien
Qu'il te donnât cent coups.

J O D E L E T.

Il le pourra bien faire.

Cavalier?

SCENE II.

ETIENNE, JODELET, D. JUAN.

ETIENNE.

Qui va-là ?

JODELET.

Soit dit sans vous déplaire,
Où loge Dom Fernand ?

ETIENNE.

C'est ici sa maison.

JODELET *hauffant la voix.*

Hà vraiment pour ce coup mon Maître avoit raison.

Le Beaupère est trouvé, venez vite son gendre,
Nous n'avons qu'à frapper.

ETIENNE.

Et moi je viens d'apprendre,
Que je suis un vrai sot de leur avoir montré
Où mon Maître tantôt est en cachette entré,
Et d'où je le tiens prêt de sortir tout à l'heure,
Mais j'y veux donner ordre.

D. JUAN.

Est-ce ici qu'il demeure ?

ETIENNE.

Oui, mais il est malade, & n'aime pas le bruit.
Quelles gens êtes-vous ?

JODELET.

Nous n'allons que la nuit,
Nous portons à la nuit amitié singulière,
Et serions bien fâchés d'avoir vû la lumière :
Nous sommes de Norvégue, un Païs vers le Nort,
Où maudit d'un chacun est tout homme qui dort.
Pour moi, je ne dors point ; voyez-vous là mon
    Maître?
C'est le plus grand veilleur, qui se trouve peut-être.

ETIENNE.

Ou plutôt un voleur qui me fera raison
De m'avoir l'autre jour surpris en trahison.
Oui, je le connois bien, & vous étiez ensemble.

JODELET.

Homme un peu bien colère & bien fou ; ce me
    semble
Sachez si nous l'étions la moitié tant que vous,
Que de ma blanche main vous auriez mille coups,
Et si vous ne fuyez . que cette mienne lame
N'aura plus de fourreau que celui de votre ame.
Mon Maître, avancez-vous, je commence à mollir,
Et sans l'obscurité vous me verriez pâlir.

D. JUAN.

A moi, ruſtaut, à moi, que je vous civiliſe !

ETIENNE.

Si faut-il Ténébreux, que je vous dépaïſe ;
A deux cens pas d'ici, quoique vous ſoyez deux,
Si vous oſez me ſuivre, on s'y battra bien mieux.

D. JUAN.

Oui-dà, je vous ſuivrai.

JODELET.

La peſte, comme il drille !
J'ai pourtant eu frayeur de ce chien de Soudrille,
Autrement ſans péril, je lui caſſois les os.
Foin, je n'aurai jamais poltron plus à propos.
Mais d'où diable eſt ſorti cet autre vilain homme ?

SCENE III.

D. LOUIS, JODELET, D. JUAN.

D. LOUIS *deſcend du balcon.*

E Tienne.

JODELET.

On y va.

D. JUAN.

C'eſt ſon valet qu'il nomme,

Celui qui devant nous vient de gagner au pié.

D. LOUIS.

Ou je me trompe fort, ou je suis épié ;
Mais la rumeur ici troubleroit Isabelle,
Et je dois mépriser l'honneur pour l'amour d'elle.
Fuyons, puisqu'il le faut.

D. JUAN.

   Demeure, ou tu es mort.

Demeure, encore un coup.

JODELET.

   Diantre qu'il pousse fort !

D. JUAN.

Dis ton nom vitement, ou je t'ôte la vie.

JODELET.

Je suis Dom Jodelet natif de Ségovie.

D. JUAN.

Au diable le maraut, & l'homme du balcon ?

JODELET.

Il s'en est envolé léger comme un faucon ;
Et moi sot que je suis je vuidois sa querelle,
Tandis que le poltron enfiloit la venelle,
De deux grands vilains coups que vous m'avez
  poussés,
J'ai cru mes intestins par deux fois offensés.
Vous êtes un peu prompt ; mais de grace, mon
  Maître,

On fort donc à Madrid ainfi par la fenêtre ?
Vous ne me dites mot !

D. J U A N.

                    L'as-tu bien entendu ?

J O D E L E T.

Oui.

D. J U A N.

J'en fuis tout confus.

J O D E L E T.

                    Et moi tout confondu.

D. J U A N.

Je ne dois pas ici rien faire à la volée.

J O D E L E T.

Vous avez, ce me femble, un peu l'ame troublée.

D. J U A N.

Oui je l'ai, Jodelet, & j'en ai bien fujet ;
Mais raifonnons un peu là-deffus.

J O D E L E T.

                    C'eft bien fait ;
Raifonnons, auffi-bien j'en ai très-grande envie,
Et je ne penfe pas durant toute ma vie
Avoir été jamais en mes raifons fi fort :
Raifonnons donc, mon Maître, & raifonnons bien
    fort.

D. J U A N.

Je fuis né dans Burgos, pauvre, mais d'une race

Exempte jufqu'à moi, de honte & de difgrace.

JODELET.

Fort bien.

D. JUAN.

A mon retour de la guerre à Burgos
Je me trouve attaqué de deux différens maux :
Le meurtre de mon frère, & ma fœur enlevée,
Quoique foigneufement dans l'honneur élevée,
Me caufent un chagrin qui n'eut jamais d'égal.

JODELET.

Fort mal, fort mal, fort mal, & quatre fois fort mal !

D. JUAN.

Dom Fernand me choifit pour époux d'Ifabelle,
Ton portrait pour le mien eft reçu de la Belle.

JODELET.

Pas trop mal.

D. JUAN.

Nous traitons cette affaire fans bruit,
Et je pars pour Madrid, où j'arrive de nuit.

JODELET.

Un peu mal.

D. JUAN.

Sans fonger à me chercher un gîte,
Mon amour droit ici m'amène.

JODELET.

Un peu trop vîte.

D. JUAN.

Je rencontre un valet où loge Dom Fernand,
Qui me fait à deffein querelle d'Allemand.
J'en vois fortir fon Maître.

JODELET.

Il eft vrai qu'il détale
Comme un poltron qu'il eft.

D. JUAN.

Mais de peur de fcandale,
Certes il ne vint point à nous comme un poltron.

JODELET.

Comment y vint-il donc le malheureux larron?

D. JUAN.

Il y vint, Jodelet, comme aimé d'Ifabelle.

JODELET.

Fort mal.

D. JUAN.

Et c'eft cela qui me met en cervelle.

JODELET.

Raifonnons donc encor.

D. JUAN.

Ah! ne raifonne plus,
Tes fots raifonnemens font ici fuperflus.
Attens, certain confeil que l'amour me fuggére
Guérira mes foupçons, c'eft en toi que j'efpére.

Il faut que dès demain, ô mon cher Jodelet,
Tu paſſes pour mon Maître, & moi pour ton valet:
Ton portrait ſuppoſé fait ici des merveilles.
Qu'as-tu, cher Jodelet, tu branles les oreilles ?

J O D E L E T.

Tous ces déguiſemens ſentent trop le bâton,
J'aime mieux raiſonner, & puis que diroit-on,
Dom Juan eſt valet, & Jodelet eſt Maître ?
Et ſi par grand malheur, car enfin tout peut être,
Votre Maîtreſſe m'aime, & ſi je l'aime auſſi ?

D. J U A N.

De cela, Jodelet, ne prens aucun ſouci,
Le mal ſera pour moi : mais durant cette feinte
Les trop juſtes ſoupçons dont mon ame eſt atteinte
Pourront être éclaircis, car comme Jodelet,
Je ferai confidence avecque ce valet,
Je ferai l'amoureux de la moindre Sobrette,
Mes préſens ouvriront l'ame la plus ſecrette ;
Toi, mangeant comme un chancre, & buvant
    comme un trou.
Paré de chaînes d'or comme un Roi du Pérou,
Sans prendre aucune part à ma mélancolie....

J O D E L E T.

Je commence à trouver l'invention jolie.

D. JUAN.

Chez le bon Dom Fernand tu feras régalé ;
Et moi de mes foupçons fans ceffe bourrelé,
Je me verrai réduit à te porter envie,
Sans efpoir de guérir durant ma trifte vie.

JODELET.

Et ne pourrai-je pas pour mieux repréfenter
Le Seigneur Dom Juan, quelquefois charpenter
Sur votre noble dos ? bien fouvent, ce me femble,
Vous en ufez ainfi.

D. JUAN.

       Quand nous ferons enfemble.
Tous feuls, & fans témoins, oui je te le permets.

JODELET.

Potages mitonnés, favoureux entremets,
Bifques, pâtés, ragoûts, enfin dans mes entrailles
Vous ferez digérés ; & vous lâches canailles
Courtifans de Madrid, luifans, polis & beaux,
Nous vous en fournirons des Cocus de Burgos.

Fin du premier Acte.

ACTE II.

SCENE PREMIERE.

ISABELLE, BEATRIX.

ISABELLE.

CRoyez-moi, Béatrix, faites votre paquet,
Sans penser m'éblouïr avec votre caquet.
Je ne veux plus de vous.

BEATRIX.

Et du moins que je fache
Pour quel mal contre moi ma Maîtreffe fe fâche?

ISABELLE.

Vous ne le favez pas?

BEATRIX.

Ma foi, fi j'en fai rien
Ne puiffai-je jamais hanter les gens de bien!

ISABELLE.

N'importe, je vous chaffe.

BEATRIX.

Eh bien donc patience.
Je n'ai pourtant rien fait contre ma confcience,
Et je veux, fi jamais j'ai contre vous manqué,

Créver comme un boudin que l'on n'a pas piqué.

Tout ce malheur me vient de cette ame traîtreſſe,

Et tout mon péché n'eſt qu'aimer trop ma Maîtreſſe.

Vraiment, on dit bien vrai que toujours les fla-
teurs

Sont plus crus mille fois que les bons ſerviteurs.

ISABELLE.

Oui, Dame Béatrix, vous êtes innocente,

Il n'eſt point dans Madrid de meilleure ſervante;

Vous n'avez point ouvert mon Balcon cette nuit?

Vous n'alliez pas nuds pieds pour faire moins de
bruit?

BEATRIX.

Hélas! je m'en ſouviens, c'étoit votre dentelle,

Que j'avois mis ſecher le long d'une ficelle.

Et j'eus peur que la nuit on la prit en ce lieu.

ISABELLE.

Vous ne parlâtes point?

BEATRIX.

C'eſt que je priois Dieu.

ISABELLE.

Quoi, ſi haut.....

BEATRIX.

Je le fais, afin que Dieu m'entende,

Et la devotion en eſt beaucoup plus grande.

ISABELLE.

Et l'homme qui ſauta de mon balcon en bas,
Etoit-ce ma dentelle ?

BEATRIX.

Ah ! ne le croyez pas.

ISABELLE.

Je l'ai vu, Béatrix.

BEATRIX.

Hà, ma bonne Maîtreſſe,
Il eſt vrai ; Dom Louis.....

ISABELLE.

Ah ! Dieu, ce nom me bleſſe.
Quoi ! ce fut Dom Louis ?

BEATRIX.

Oui, votre beau Couſin.

ISABELLE.

Mon beau Couſin, méchante, & pour quel beau
   deſſein
L'aviez-vous introduit, infame, abominable !

BEATRIX.

Si c'eſt un grand péché que d'être charitable,
Vous avez grand ſujet de me crier bien fort ;
Mais ſi vous m'écoutiez, je n'aurois pas grand tort.

I s a b e l l e.

Vous parlerez long-tems avant que je vous croye.

B e a t r i x.

Ne puissiez-vous jamais souffrir que je vous voye,
Si je ne vous dis vrai ! Ce fut donc hier au soir,
Que le bon Dom Louïs vint ici pour me voir.
A cause qu'il pleuvoit je le mis dans la salle,
Ce fut bien malgré moi, car je crains le scandale ;
Mais le drolle qu'il est entra bon-gré-malgré,
Tôt après j'entendis cracher sur le degré
Votre Père Fernand ; vous savez bien qu'il crache
Plus fort qu'aucun qui soit dans Madrid que je sa-
      che.
Au bruit de ce crachat Dom Louïs se sauva
Dedans votre balcon, qu'entr'ouvert il trouva ;
Je l'enfermois encor lorsque vous arrivâtes,
Avecque le Vieillard trop longtems vous causâtes :
Cependant Dom Louïs le balcon habitoit,
Où de vos longs discours peu content il étoit ;
Enfin quand je vous vis dans le lit assoupie,
Moi qui suis de tout tems encline à l'œuvre pie,
Je l'allai délivrer très-charitablement,
Il me dit qu'il vouloit vous parler un moment.
Je dis *Nescio vos* , & lui chantai goguette,
Disant, allez chercher votre Dariolette.

Un autre l'eût servi, car il parloit des mieux,
Et je voyois tomber les larmes de ses yeux,
Mais lorsqu'en me coulant en main quelques pis-
    toles,
Et qu'en me conjurant de ses belles paroles,
Et m'appellant, mon cœur, ma chère Beatrix,
Il m'eût mis dans le doigt une bague de prix,
Je veux bien l'avouer, j'eus une telle rage,
Que je pensai deux fois lui sauter au visage.
Non que tous ses regrets ne me fissent pitié,
Et vraiment je le crois de fort bonne amitié;
Mais dans vos intérêts je ne connois personne ;
Brebis par-tout ailleurs, j'y suis une lionne.
Et lui, sitôt qu'il vit que ce n'étoit plus jeu,
Que de fine fureur j'avois la face en feu,
Du balcon sans tarder il sauta dans la rue,
Où j'entendis crier tôt après! tue! tue!
Voilà ce grand sujet de mon exclusion,
Et le juste loyer de mon affection.
Il faut bien que je sois fille peu fortunée;
Je fondois mon bonheur dessus votre hymenée ;
Et si de Dom Juan qu'on dit être venu,
Mon zèle à vous servir pouvoit être connu,
Je n'espérois pas moins....

I S A B E L L E.
Quoi! Dom Juan encore ,

Un homme que je crains, un homme que j'ab-
horre,
Après un Dom Louïs m'eſt par vous allégué?
Prétendez-vous par-là me rendre l'eſprit gai?
Adieu, fille de bien, que plus je ne vous voye.

B E A T R I X.

Au diable Dom Louïs, c'eſt-là que je t'envoye,
Maudit ſoit le badaut, & l'amoureux tranſi!
Le malheureux qu'il eſt me cauſe tout ceci.
Eſt-il dedans Madrid fille plus malheureuſe?

S C E N E II.

D. FERNAND, BEATRIX, ISABELLE.

D. F E R N A N D.

QU'avez-vous, Béatrix, vous faites la pleu-
reuſe?

B E A T R I X.

Votre fille me chaſſe, & ſi je n'ai rien fait,
Que lui repréſenter qu'elle doit en effet
Agréez Dom Juan, parce qu'il le mérite,
Et que vous le voulez.

D. F E R N A N D.

La cauſe eſt bien petite

Pour vous mettre dehors, & ma fille a grand tort;
Mais pour vous rajuſter je ferai mon effort ,
Faites-la moi venir. Souvent mon Iſabelle ,
Et cette Béatrix ont enſemble querelle ;
Tantôt c'eſt pour un mot de travers répondu ;
Pour un miroir caſſé , pour du blanc répandu ;
Souvent auſſi ce n'eſt que pour une vetille ,
C'eſt-à-dire pour rien. Mais j'apperçois ma fille :
Ce n'eſt pas la ſaiſon de chaſſer des valets ,
Quand il me faut penſer qu'à Danſes & Balets :
Pour moi tout le premier je veux faire gambade ;
Car j'eſpère aujourd'hui, Dom Juan d'Alvarade.

ISABELLE.

Eſpérez , eſpérez cet agréable époux ,
Moi j'eſpère la mort moins cruelle que vous.

D. FERNAND.

Je ſuis donc bien cruel , puiſqu'elle eſt moins
 cruelle ?
Vraiment, notre Iſabeau, vous nous la donnez belle.
Ah ! que ſi je croyois mon eſprit irrité ,
Votre jeune muſeau ſe verroit ſouffleté ;
Et ſi je faiſois bien, qu'avec ces deux mains cloſes,
Je ternirais de lys & fanerait de roſes !
Vous voulez volontiers quelque godelureau
Qui mèthodiquement vous léche le morveau ,

Un faiſeur de Recueils, un débiteur de Rimes,
Un de ces libertins qui cauſent aux Minimes,
Un pliſſeur de canons, un de ces fainéans
Qui paſſent tout un jour à nouer des galans,
Ou ſe faire traîner couché dans un caroſſe ;
Si je lui faiſois playe, ou du moins une boſſe,
Ne ferois-je pas bien ? qu'en dis-tu, ma Raiſon,
Puis-je oublier ſa faute à moins d'être un Oiſon ?
La Coquine s'en rit, & je veux qu'elle en pleure ;
Et moi j'en ris auſſi peu s'en faut, ou je meure :
Quand quelqu'un pleure ou ris, j'en uſe tout ainſi,
Et parce qu'elle ris, je m'en vai rire auſſi,
Peſte, que je ſuis ſot ! *Il rit voyant rire ſa fille.*

ISABELLE.

Je confeſſe, mon Pére,
Que vous avez raiſon de vous mettre en colére ;
Mais confeſſez auſſi, regardant ce tableau,
Affreux au dernier point, bien loin de ſembler
   beau :
Que ma douleur eſt juſte alors qu'elle eſt extrême,
Et qu'il faut bien qu'il ſoit la brutalité même,
Le brutal ſur lequel ce marmouſet eſt fait.

D. FERNAND.

Vous jugez donc d'un homme en voyant ſon portrait ?

Souvent un vilain corps loge un noble courage.
Et c'eſt un grand menteur ſouvent que le viſage.
Il eſt vrai , celui-ci doit ſe plaindre de l'art ,
Et tout y repréſente un inſigne pendart.
Où diable ai-je péché ce déteſtable gendre ?
Et comment Dom Fernand a-t-il pu ſe méprendre ?
Je penſois bien avoir trouvé la pie au nid.
Mais pourtant , mais pourtant, beaucoup de gens
     m'ont dit ,
Qu'on eſtime à la Cour ce Juan d'Alvarade.
Or bien , promettez-moi ſans faire de boutade ,
Que vous le traiterez par-tout civilement ;
Et moi je vous promet foi d'homme qui ne ment,
S'il ſe trouve auſſi ſot que ſa peinture eſt laide ,
A tous ces embarras de donner bon remède.
Mais une Dame vient qui ne veut ſe montrer :
Je voudrois bien ſavoir qui l'aura fait entrer,
Sans venir demander ſi nous ſommes viſibles ;
Les bourreaux de valets ſont tous incorrigibles.
Madame, ſans vous voir , & ſans vous demander
Le nom que vous avez, vous pouvez commander.

SCENE III.

LUCRECE, D. FERNAND.

LUCRECE.

JE n'attendois pas moins d'une ame si civile,
Je viens, ô Dom Fernand, chez vous chercher afile.
Mais puis-je fans témoins vous conter mon mal-
  heur ?

D. FERNAND.

Oui-dà, retirez-vous.

LUCRECE.

            Fai fi bien, ma douleur,
Que l'on puisse trouver quelque excufe à mes fau-
  tes.
Non, je ne me plains point du repos que tu m'ôtes,
Si je puis faire voir, par mes pleurs infinis,
Que mes yeux ont été de mon crime punis.
Mes yeux, mes traîtres yeux, qui reçurent la flâme,
Qui noircit mon honneur & me couvre de blâme;
Mes traîtres yeux de qui les criminels plaifirs
Me feront à la fin exhaler en foupirs.
Pleurez donc, ô mes yeux, foupirez, ma poitrine.

D. FERNAND.

Parbleu ! cette Etrangére eft de fort bonne mine.

L U C R E C E.

Et vous, mes foibles bras, embraſſez ſes genoux.
Vous ne me verrez point lever de devant vous,
Que je n'aye obtenu le ſecours que j'eſpére.

D. F E R N A N D.

Ce ſtile eſt de Roman, & je vous en révére,
Ma ſotte d'Iſabeau n'a jamais lû Roman ;
Quant eſt de moi j'eſtime Amadis grandement.
Vous n'êtes pas perſonne à qui rien on refuſe ;
De refuſer auſſi perſonne ne m'accuſe :
Croyez donc aiſément, tout cela ſuppoſé,
Qu'il ne vous ſera rien de ma part refuſé.

L U C R E C E.

Il faut donc, ô Fernand, que je vous impórtune,
Du récit de ma race, & de mon infortune ;
Pour ma race bientôt vous en ſerez ſavant,
Car mon Pére defunt m'a dit aſſez ſouvent
Qu'il avoit avec vous fait amitié dans Rome,
Et qu'il vous connoiſſoit pour brave Gentilhom-
me.

D. F E R N A N D.

Ces vers ſont de Mairet, je les ſai bien par cœur,
Ils ſont très-à-propos, & d'un très-bon Auteur.
Toujours d'un bon Auteur la lecture profite,
Et ſavoir bien des vers eſt choſe de mérite.

L UCRECE.

Burgos eſt donc la ville où je reçus le jour,
Mais cette ville enfin vit naître mon amour,
Et je dois l'abhorrer, & pour l'un, & pour l'autre.
Hélas ! fut-il jamais deſtin pareil au notre !
Car ma Mére en travail quand je nâquis mourut,
Mon Pére de regret, quand mon amour parut ;
Cruel reſſouvenir de ma faute paſſée,
Quand donnerez-vous trêve à ma triſte penſée ?
Diégo d'Alvarade eſt le nom qu'il avoit,
Avec beaucoup de ſoin ſa bonté m'élevoit,
Je lui fis eſpérer beaucoup de mon enfance ;
Mais, hélas ! ce fut bien une fauſſe eſpérance.
Mes deux fréres n'étoient pas moins de lui chéris,
Car le Ciel les avoit traités en favoris ;
Je vivois avec eux contente & fortunée.
Mais que l'amour bientôt changea ma deſtinée !
Un Etranger qui vint aux Fêtes de Burgos,
Fit voir en nos Tournois qu'il avoit peu d'égaux.
Nous nous vimes le ſoir dedans une aſſemblée,
Je ſouffris ſon abord, & j'en fus cajolée,
Ou plutôt mon eſprit fut par le ſien charmé,
Il feignit de m'aimer, tout de bon je l'aimai ;
Mais ſouffrez que mes pleurs vous aprennent le
   reſte,

Car tout en est honteux, car tout en est funeste,
Puisque mon crime, hélas! un frére me ravit,
Et que d'affliction mon Pére le suivit.
Moi, sans pleurer leur mort, sans rougir de ma
     flâme,
L'amour avoit banni la raison de mon ame;
J'adorois en esprit mon infidéle Amant,
Que j'attendis deux ans à Burgos vainement.
A la fin je vois bien que je suis délaissée,
Je quitte mes parens, & comme une insensée,
Maudissant mon amour, souhaitant le trépas,
Pour trouver ce méchant j'adresse ici mes pas.
Hélas! il m'avoit dit qu'il me seroit fidelle:
Mais qu'on croit aisément dès que l'on se croit
     belle,
Et que pour s'assurer d'un cœur comme le sien
La beauté bien souvent est un foible lien!
J'en suis,ô Dom Fernand, un exemple effroyable;
Car pour avoir cru trop un tigre impitoyable,
Qui me prit par les yeux, & triompha de moi,
Se déguisant d'un nom aussi faux que sa foi,
Je me vois devant vous comme une forcenée,
Maudissant mille fois le jour sa destinée.
Hélas! que contre moi le Ciel est irrité,
Puisque tout mon espoir n'est qu'un nom aposté,

Et qu'avec cet espoir justement je m'étonne,
Quand je vois que ce nom n'est connu de personne!
Cependant il est vrai qu'il habite ces lieux,
L'ingrat, car l'autre jour il parut à mes yeux :
Mais je ne le pus joindre, & je n'ai pû connoître,
Par un nom qu'il n'a pas, la demeure d'un traître,
Que le Ciel à mes yeux ne devois plus cacher,
Si les pleurs avoient pu jusqu'ici le toucher.
Mais je m'adresse à vous comme au dernier re-
     méde ;
Pour trouver cet ingrat, je demande votre aide.
Je sai bien, vu le rang qu'en ces lieux vous tenez,
Qu'il me fera raison si vous l'entreprenez.
Je n'alléguerai point mon Pére & sa mémoire.
Je veux vous conjurer par votre seule gloire,
Et sans vous obliger d'un langage flateur.....

D. FERNAND.

Pour faire court, je suis votre humble serviteur,
Et l'ai toujours été de Monsieur votre Pére,
Il me faisoit l'honneur de m'appeller son frére ;
Quant à vous, disposez de tout ce que je puis ;
Ma fille tâchera d'adoucir vos ennuis.

SCENE IV.

BEATRIX, D. FERNAND.

BEATRIX.

MOnsieur votre neveu demande avec instance,
De vous entretenir pour chose d'importance.

D. FERNAND.

Madame, je reviens à vous dans un moment.
Béatrix, menez-la dans mon appartement,
Et qu'on fasse venir mon neveu tout-à-l' heure.
Cette femme est la sœur de mon gendre, où je
　　meure.
Il me faut pressentir s'il voudra bien la voir.
Nous ne laisserons pas de tout notre pouvoir
De chercher son Amant & la tirer de peine
Eh bien! cher D. Louis, quelle affaire vous meine,
En quoi puis-je servir un si brave neveu?

SCENE V.

D. LOUIS, D. FERNAND.

D. LOUIS.

MOnsieur, un mien ami m'a mandé depuis peu

Que j'avois fur les bras une grande querelle.
Je fai bien pour chercher un Confeiller fidelle,
Puifqu'il eſt queſtion d'honneur & de combats,
Que m'adreſſant à vous, je ne me trompe pas.

D. FERNAND.

Au moins ne pouvez-vous en employer un autre,
Qui vous chériffe plus, & qui foit autant vôtre;
Jufques au dégaîner je vous le montrerai.
Eſt-ce par ce billet?

D. LOUIS.

Oui, je vous le lirai.

D. FERNAND.

Lifez donc, auffi bien j'ai perdu mes lunettes;
Et n'eſt pas trop aifé d'en recouvrer de nettes.

D. LOUIS.
LETTRE.

Le jeune frére de celui
Que vous avez tué pour quelque amourette;
Part de ce Pays aujourd'hui
Pour aller en Cour où vous êtes;
Je ne fai pas pour quel fujet;
Mais je fai bien que vous l'écrire,
Pour éviter pareil accident, ou bien pire,
Eſt à moi fort bien fait.

D. PEDRO OSORIO.

D. FERNAND.

Où fut-ce ?

D. LOUIS.

Dans Burgos.

D. FERNAND.

Etoit-ce un Cavalier ?

D. LOUIS.

Oui, de mes grands amis.

D. FERNAND.

En combat singulier ?

D. LOUIS.

Non, ce fut par mégarde, & durant la nuit noire,

D. FERNAND.

Contez-moi le détail de toute cette histoire.

D. LOUIS.

Vous allez tout savoir.

D. FERNAND.

S'entend en peu de mots.

D. LOUIS.

Vous vous souvenez bien des Fêtes de Burgos,
Pour le premier enfant qu'eut la grande Isabelle
Des Royales Vertus le plus parfait modelle ,
Un ami qui faisoit trop d'estime de moi
M'invita de venir à ce fameux Tournoi,
Pour montrer avec lui notre valeur commune.

Là, contre six tauraux j'eus assez de fortune,
Dans les autres combats j'eus un bonheur égal.
Le soir il me mena voir les Dames au Bal ;
Une Beauté m'y prit, & je la pris de même
Dans ce commencement j'eus un bonheur extrê-
    me ;
Hélas ! ce grand bonheur à la fin se trouva
Un des plus grands malheurs, qui jamais m'arriva.
Le lendemain j'obtins de l'aller voir chez elle ;
Si je lui plaisois fort, je la trouvois fort belle ;
Et certes je l'aimois aussi sincèrement
Que peut jamais aimer un véritable Amant.
Pour faire court, un soir que nous étions ensemble,
J'entens rompre la porte, & je la vois qui tremble ;
Je me léve & je mets mon épée à la main,
Elle prend la chandelle, & la souffle soudain.
La porte s'ouvre, on entre, on m'attaque, on me
    blesse,
Sans voir, je pousse, pare, & plus d'heur que d'a-
    dresse,
J'en fais d'abord choir un blessé mortellement,
Puis dans l'obscurité je m'échappe aisément.
Hélas ! le jour d'après quelle fut ma tristesse,
Quand le Mort se trouva frére de ma Maîtresse,
Et de plus, ô malheur, dur à mon souvenir,

Ce même intime ami qui m'avoit fait venir !
Comment ne sus-je point que cette pauvre Amante
Depuis deux ou trois mois logeoit chez une Tante?
Comment ne fumes-nous devant ce triste jour,
Moi, qu'il eût une sœur, ou lui; moi de l'amour ?
Mais c'est vous ennuyer d'une plainte inutile,
Ayant toujours celé mon nom en cette ville,
J'en sortis aisément sans être soupçonné
C'est à vous qui voyez l'avis qu'on m'a donné,
Et qu'en cet embarras quasi tout m'est contraire,
De me dire en ami tout ce que j'y dois faire.
Je sai bien, si je veux des conseils sur ce point,
Qu'aucun ne peut donner ce que vous n'avez point;
Que mon homme est ici, je n'en fais point de doute;
Qu'il tâche à me trouver, l'apparence y est toute;
Je ne puis le fuïr sans grande lâcheté,
Je ne puis le tuer aussi sans cruauté ;
Je ne puis l'inviter à se battre sans crime,
Et tout menace ici ma vie & mon estime.
Mais on frappe à la porte.

D. F E R N A N D.

Et même rudement
Et qui diable ose ainsi heurter insolemment?

SCENE VI.

BEATRIX, D. FERNAND, D. LOUIS, ISABELLE.

BEATRIX.

MOn Maître, cent écus pour si bonne nouvelle,
Et qu'on fasse venir ma Maîtresse Isabelle ;
Votre gendre est là-bas, beau, poli, frais, tondu.
Poudré, frisé, paré, riant comme un perdu,
Et couvert de bijoux comme un Roi de la Chine.

D. LOUIS.

Vous avez donc ainsi marié ma cousine
Sans qu'on en ait rien su ? Vous étiez bien pressé.

D. FERNAND.

Oui.

D. LOUIS.

Hélas ! que ce mot m'a rudement blessé !

D. FERNAND.

Béatrix, vitement, que ma fille s'ajuste,
Va donc vite.

BEATRIX.

J'y cours.

D. LOUIS.

Que le Ciel est injuste !

D. FERNAND.

Hà vraiment mon esprit n'est pas mal partagé,
Mon neveu l'agresseur, mon gendre l'outragé :
Comment donc garantir ma maison de carnage ?
Hà, ma fille, aprochez.

D. LOUIS.

Que de bon cœur j'enrage !

D. FERNAND.

Allons le recevoir.

ISABELLE.
Ou plutôt à la mort.

SCENE VII.

JODELET, D. JUAN, ISABELLE, D. FERNAND, D. LOUIS.

JODELET *suivi de D. Juan.*

CEtte chambre est fort belle, & je m'y plairois fort.

ISABELLE.

O qu'il étoit bien peint !

D. JUAN,

O qu'elle étoit bien peinte !

JODELET *s'entre-taillant.*

Ce maudit éperon m'a blessé d'une atteinte.

D. FERNAND.
Soyez le bien venu, Monseigneur D. Juan.

D. JUAN.
Répons.....

JODELET.
Le Beaupére a de l'air d'un chat-huan,
Et vous, le bien trouvé.

ISABELLE.
L'agréable figure !

JODELET.
Quoi, toujours ce Vieillard, ô le mauvais augure
Je veux m'en délivrer, il me tient trop longtems.

D. FERNAND.
Mon gendre n'eſt pas ſage, il parle entre ſes dents.

JODELET.
Vous ſervez donc toujours d'écran à votre fille ?

D. JUAN.
Que dis-tu, malheureux ?

D. LOUIS,
La demande civile !

JODELET.
Maudit ſoit le fâcheux.

ISABELLE.
De qui donc parle-t-il ?

JODELET.
Ne puis-je point de face ou du moins de profil,

Vous guigner un moment, ô charmante Isabelle?
De grace, Dom Fernand, que l'on m'aproche d'elle;
Çà du moins qu'on m'en montre ou jambe, ou bras,
    ou main.

D. FERNAND.

Ma fille avoit raison, mon gendre est un vilain,

JODELET.

O Dieu qu'en ce Païs on est chiche d'épouse !
Ailleurs j'aurois déjà des baiser plus de douze ;
Parbleu je la verrai, dussai-je être indiscret !

D. FERNAND.

O Dieu, qu'il m'a fait mal !

JODELET.

          Je vous pousse à regret;
Mais je suis amoureux, équitable Beaupére.
Je vous vois donc enfin, ô Beauté que j'espére.
Vous me voyez aussi ; mais pourrai-je savoir
Si vous prenez grand goût en l'honneur de me
    voir ?

D. LOUIS.

C'est fort bien débuter.

D. FERNAND.

          O l'impertinent gendre !

JODELET.

Ils rient tous, ma foi ; rient-ils de m'entendre ?
Est-ce que j'ai tenu quelque propos de fat ?

Jodelet, on n'eft pas chez nous fi délicat;
Si je ne fuis affis, j'en lâcherai bien d'autres;
Là!Seigneur Dom Fernand,faites venir des votres,
Vous êtes mal fervi, mais j'y mettrai la main.

D. FERNAND.

Mon gendre, encore un coup, n'eft ma foi qu'un
    vilain.
Béatrix, vitement que l'on apporte un fiége.

JODELET.

Dites-moi,ma Maîtreffe,avez-vous bien du liége?
Si vous n'en avez point, vous êtes fur ma foi,
D'une fort belle taille, & digne d'être à moi.

D. LOUIS.

Le joli compliment!

JODELET.

            Ce Jouvenceau qui caufe,
Dites-moi, mon Soleil, vous eft-il quelque chofe?
Ou fi c'eft un plaifant?

ISABELLE.

             C'eft mon coufin germain.

D. FERNAND.

Pour la troifiéme fois, mon gendre eft un vilain.

D. JUAN.

Ce beau coufin germain tous mes foupçons ré-
    veille.

JODELET.

N'avez-vous point sur vous quelque bon cure-
    oreille ?

Je ne puis dire quoi me chatouille dedans,
Hier je rompis le mien en m'écurant les dents ;
Quoi , vous riez encore ?

D. LOUIS.

A propos, ma cousine,
Vous ne contentez point Monsieur touchant sa
    mine,
Il vous a dit tantôt qu'il désiroit savoir
Si vous preniez grand goût en l'honneur de le voir.

ISABELLE.

Je n'ai jamais rien vu qui lui soit comparable ,
Et je ne pense pas qu'il trouve son semblable
Et de corps & d'esprit.

JODELET.

Chacun en dit autant.
Mais les vingt mille écus est-ce en argent com-
    ptant ?
Eclaircissez-nous-en , & vuidons cette affaire.

D. LOUIS.

Quoi, Seigneur Dom Juan, vous êtes mercenaire !

JODELET.

Tous ceux qui le croiront seront de vrais badaus ,

Et l'on n'en vit jamais dans les Alvarados.

D. LOUIS.

Dans les Alvarados ! n'aviez-vous pas un frére ?

JODELET.

Oui, qu'un lâche aſſaſſin occit, mais par derriére

D. JUAN.

Si Dom Juan ſavoit quel eſt cet aſſaſſin,
Il iroit lui manger le cœur dedans le ſein.
S'il faut qu'entre mes mains ce deteſtable tombe,
Le moindre de ſes maux eſt celui de la tombe.
Je le dechirerois, le traître, à belles dents,
Je l'irois affronter entre cent feux ardents ;
Mais il tue en voleur, & ſe cache de même.

D. LOUIS.

Vraiment de ce valet l'impudence eſt extrême,
Quelqu'un m'a dit pourtant.....

D. JUAN.

Et que vous a-t-on dit ?

D. LOUIS.

Que ce fut par malheur.....

D. JUAN.

Ce quelqu'un-là mentit,
Ce fut en trahiſon.

D. LOUIS.

Vous voyez ſon audace.

ISABELLE.

Qu'avecque sa fureur il conserve de grace !

D. LOUIS.

Vous vous émancipez.

JODELET.

Il n'a pas le cœur bas.

D. LOUIS.

Je vous trouverai bien.

D. JUAN.

Je ne vous fuïrai pas.

D. LOUIS.

Si ce n'étoit le lieu, je vous ferois bien taire.

JODELET.

Mon valet est vaillant & quasi téméraire.

D. LOUIS.

Quoi, mon Oncle, un valet ?

D. FERNAND.

Hé ! mon Dieu qu'est ceci !

Le beau commencement de nôces !

JODELET.

Mon souci,

Laissons-les quereller, & disons des sonnettes ;

Ou bien si vous vouliez prendre vos castagnettes,

Le plaisir seroit grand.

D. FERNAND.

Oui, c'en est la saison.

Vous n'avez pas encor visité la maison,

Prenez Monsieur, ma fille, ouvrez la galerie,

Vitement, Béatrix : Mon neveu, je vous prie...

Allons, mes chers amis, allons, qu'attendons-nous?

JODELET.

Je suis sans compliment.

D. FERNAND.

C'est fort bien fait à vous.

SCENE VIII.

D. JUAN *seul.*

ENfin dans mes soupçons je vois quelque lumiére,

Je n'ai plus qu'à trouver l'assassin de mon frère,

Je n'ai plus qu'à trouver mon imprudente sœur,

Je n'ai plus qu'à trouver son lâche ravisseur,

Avec ce beau cousin je n'ai plus qu'à me prendre,

C'est l'homme du balcon, l'on vient de me l'a-
   prendre,

J'ai su de son valet tirer le vers du nez :

Je saurai bien encore, Amans bien fortunez,

Si vous faites de moi les moindres railleries,
Tandis que mon esprit s'abandonne aux furies,
Mêler dans vos plaisirs quelque chose d'amer,
Et même vous haïr au lieu de vous aimer,
Si je puis découvrir, trop aimable Isabelle,
Que vous ne soyez pas aussi sage que belle.

Fin du second Acte.

A C T E   I I I.

S C E N E   P R E M I E R E.

D. L O U I S , E T I E N N E.

D. L O U I S.

NE m'importune plus, le fort en eft jetté.

E T I E N N E.

Vraiment ce Dom Juan eft par vous bien traité;
Vous avez abufé fa fœur, tué fon frére,
Vous prétendez encore à fa femme ?

D. L O U I S.
J'efpére

Et ma perfévérance, en Béatrix, en toi,
En mon Oncle Fernand, en Ifabelle, en moi;
J'efpére en Dom Juan, en fa mine importune,
Et plus que tout cela j'efpére en la fortune.
Bon, voici Béatrix.

S C E N E I I.

BEATRIX, ETIENNE, D. LOUIS.

B E A T R I X.

HA! Monfieur, eft-ce vous ?

ETIENNE.

Non, c'eſt le Grand Mogol.

BEATRIX.

Tout beau, Roi des Filous,
Je parle à votre Maître.

D. LOUIS.

Eh bien, que fait le gendre ?

BEATRIX.

Vous parlez d'un ſujet où l'on peut bien s'étendre.
Ce beau jeune Seigneur, tantôt qu'on a diné,
A mangé comme un diable, & s'eſt deboutonné :
Puis dans un cabinet qui joint la vieille ſalle,
S'eſt couché de ſon long ſur une natte ſale ;
Où peu de tems après il s'eſt mis à ronfler,
Je n'ai jamais oui cheval mieux renifler.
Toute la vitre en tremble, & les verres s'en caſ-
    ſent.
Mais ſi je vous diſois les choſes qui ſe paſſent.....

D. LOUIS.

Ma pauvre Béatrix.

BEATRIX.

Mon pauvre Dom Louis.

D. LOUIS.

C'eſt de toi que je tiens le bien dont je jouïs.

B E A T R I X.

J'en dis autant de vous , mais ce n'eſt qu'en pro-
    meſſe :
N'importe, ce n'eſt pas le gain qui m'intéreſſe.

D. L O U I S.

Hà , non , je veux mourir , demande à ce valet ,
Si je n'ai pas laiſſé mon or ſous mon chevet ;
Mais je reçois demain quatre ou cinq cens piſtoles.

B E A T R I X.

Bien, bien, écoutez donc la choſe en trois paroles.
J'ai hâte : Dom Fernand votre Oncle eſt enragé ,
Et voudroit de bon cœur ſe voir bien dégagé.
Votre chére Iſabelle également enrage ;
Juſques-là qu'elle en a ſoufleté ſon viſage.
Le tems eſt , ou jamais , de jouer votre jeu ,
Il faut battre le fer tandis qu'il eſt au feu ;
Et ſi vous ne ſavez bien pêcher en eau trouble ,
Je ne donnerois pas de votre affaire un double :
Tâchez donc de la voir & de l'entretenir ,
Promettez comme quand on ne veut pas tenir ,
Employez hardiment votre meilleure proſe ,
N'oubliez pas le lys , n'oubliez pas la roſe ,
Dites-lui bien qu'elle eſt l'objet de tous vos vœux ,
Pleurez & ſoupirez , arrachez des cheveux ,
Puis ſur vos grands chevaux , monté comme un
    Saint George ,

Dites que pour bien moins on se coupe la gorge,
Que Dom Juan n'a pas encor ce qu'il prétend,
Qu'en tout cas vous savez fort bien comme on se
　　prend.

Si l'insolent vous nuit, reprenez le modeste,
Invoquez-moi la mort, ou pour le moins la peste;
Ne vous étonnez point; elle fera beau bruit;
Mais vous savez qu'on perd le combat quand on
　　fuit.

Or si vous en tirez la moindre lacrimule,
Je vous donne gagné, foi de Béatricule.
Vous riez, Dom Louïs, de ce diminutif?
Dame nous en usons, & du superlatif.
Un certain jeune Auteur qui tâche de me plaire,
Quand je vais visiter mon cousin le Libraire,
M'aprend tous ces grands mots; mais adieu, je
　　m'enfuis.

J'ai causé trop longtems, maudite que j e suis;
Car voici ma Maîtresse, & son Pére avec elle,
Cachez-vous en ce coin; & vous, Jean de Nivelle,
Sauvez-vous vitement.

ETIENNE.

　　　　　　　Adieu donc faux teston.

BEATRIX.

Je te hâterai bien, si je prens un bâton.

SCENE III.

D. FERNAND, ISABELLE.

D. FERNAND.

PLutôt mourir cent fois que fauffer ma parole !

ISABELLE.

Mais mon Pére.

D. FERNAND.

    Mais quoi, vous êtes une folle,
Tout ce que vous pouvez feulement efpérer,
Eft que je pourrai bien vos nôces différer :
Mais a-t-on jamais vu d'affaire plus mêlée ?
Ma foi j'en ai quafi la cervelle fêlée.
Mon gendre eft offenfé, je le dois être auffi ;
Si c'eft par mon neveu, que dois-je faire ici ?
Dois-je abandonner l'un, pour me joindre avec
    l'autre ?
Ventre de moi ! par-tout il y va bien du nôtre ;
L'un me tient par le fang, & l'autre par l'honneur,
Et j'ai befoin ici d'un extrême bonheur.

ISABELLE.

Quoi ce fut Dom Louis qui lui tua fon frére ?

D. FERNAND.

Oui, ce fut Dom Louis ; & ce qui défefpére,
La fœur de Dom Juan m'implore contre lui,
Lui puis-je honnêtement refufer mon a ppui ?
Aujourd'hui mon neveu m'eft venu tout de même
Dire qu'il a befoin de ma prudence extrême
Contre un homme qu'il a doublement offenfé,
Et cet homme eft mon gendre, & moi pauvre in-
    fenfé,
Tantôt à mon neveu, tantôt à ce beau gendre,
Je ne fai quel parti, je dois laiffer ou prendre :
Oui ma foi j'en fuis fou, fi jamais je le fus.
Adieu, je vais tâter mon gendre là-deffus.

SCENE IV.

ISABELLE *feule.*

ET moi je vais pleurer ma trifte deftinée
O Ciel ! à quel brutal m'avez-vous condamnée ?
N'étoit-ce pas affez de cette averfion,
Sans me troubler encor d'une autre paffion ?
Oui Ciel ! c'étoit affez pour être malheureufe,
Mais voulez-vous encor que je fois amoureufe ?
Hà ! c'eft trop me haïr, que de me faire aimer
Un que je n'oferois à moi-même nommer.

Toi qui n'ès pas pour moi, faut-il que je t'adore ?
Et toi pour qui je fuis, faut-il que je t'abhorre ?
Et qu'un troifiéme mal à ces deux maux foit joint,
De Dom Louïs qui m'aime, & que je n'aime point?
Oui, bien loin de t'aimer, je te haï, miférable !
Mais fi ton mal eft grand, le mien eft effroyable.
Laiffe, laiffe-moi donc, importun Dom Louïs :
Regarde au prix de moi de quel heur tu jouïs,
Tu n'ès que trop vengé de la pauvre Ifabelle,
Toi qui peux fans rougir te dire amoureux d'elle,
Toi qui peux fans rougir lui découvrir ton feu,
Et tu te plains encor, comme fi c'étoit peu?
Va, va, confole-toi, ma fortune eft bien pire,
Car j'aime, malheureufe, & je n'ofe le dire :
Et de plus, je te hai, j'ai ce mal plus que toi;
Et de plus, Dom Juan fera maître de moi.
Ainfi je hai, je crain, & je fuis amoureufe.
Avec ces paffions je ne puis être heureufe.
Hélas ! de tous ces maux qui me délivrera?

SCENE V.

D. LOUIS, ISABELLE.

D. LOUIS.

Moi, charmante Ifabelle, & quand il vous plaira:

Oui de ce Dom Juan vous ferez dégagée ,
Puifqu'envers Dom Louis votre humeur eft chan-
    gée ,

Puifque de Dom Louis autrefois méprifé,
Le violent amour fe voit favorifé.
Commandez donc, Madame, & bientôt cette épée
Dans le fang odieux de Dom Juan trempée,
Vous fera confeffer avant la fin du jour ,
Que rien n'étoit égal à vous que mon amour.

I S A B E L L E.

O Dieu ! me propofer des crimes de la forte !
Sors d'ici , malheureux ! fors avant que je forte
D'une indigne pitié que prefque malgré moi ,
Même nom, même fang me font avoir pour toi.
Et comment m'aimes-tu fi tu me crois capable
D'écouter feulement un deffein fi coupable ?
Ah ! ne te flatte point dedans ta paffion :
Tu ne feras jamais que mon averfion.
Va, va-t-en à Burgos faire des perfidies,
Va, va-t-en à Burgos jouer tes tragédies ;
Vas-y tromper la fœur, & tuer le germain,
Et me laiffe en repos, exécrable inhumain !
Affez grands font les maux de la pauvre Ifabelle,
Sans tâcher de la rendre encore criminelle.

D. L O U I S.

Hà, si jamais....

I S A B E L L E.

Tai-toi, le plus noir des esprits;
Ou bien je remplirai la maison de mes cris.

S C E N E *V I.*

BEATRIX, D. LOUIS, ISABELLE.

B E A T R I X.

HA mon Dieu, parlez bas, Dom Fernand
    & le Gendre
Sont dessus l'escalier, ils pourroient vous entendre.
Je ne vois pas comment avec facilité
Dom Louis sortira; car de l'autre côté
Son suffisant valet avec sa bonne mine
Dans la chambre prochaine a, je crois, pris racine.

I S A B E L L E.

Et que ferons-nous donc ?

D. L O U I S.

Si j'osois.....

I S A B E L L E.

Laisse-moi.

D. LOUIS.

Si ce valet fâcheux....

ISABELLE.

Il l'eſt bien moins que toi,

Béatrix.

BEATRIX.

Par ma foi je tremble en chaque membre.
Si vous voulez pourtant le mettre en votre chambre.

ISABELLE.

Où tu voudras, pourvu qu'il ſoit loin de mes yeux°

BEATRIX.

Mettez-vous donc un peu deſſus le ſérieux.
Et m'appellez bien haut effrontée, impudente.

ISABELLE.

J'entends bien, cet avis n'eſt pas d'une imprudente,
Car j'ai hauſſé la voix d'une étrange façon.
Vraiment vous me donnez une belle leçon,
Etes-vous une folle, ou ne ſuis-je pas ſage,
Que vous m'oſiez tenir un ſi hardi langage ?
Dom Juan n'eſt pas beau, Dom Juan vous déplaît,
Laiſſez-là Dom Juan, je l'aime comme il eſt.
Hà vraiment Béatrix la ſotte, ſi mon Pére
Aprend ce bel avis.....

SCENE VII.

D. FERNAND, JODELET, ISABELLE, D. JUAN, BEATRIX.

D. FERNAND.

Vous êtes en colére?

ISABELLE.

C'eſt pour certain bijoux qu'on m'a pris ou perdu.

JODELET.

Non, non, à d'autres, non, j'ai le tout entendu.

Vous ne m'aimez donc pas, Madame la traîtreſſe?

Et vous me deſſervez auprès de ma Maîtreſſe?

Hà louve! hà porque! hà chienne! hà braque! hà
    loup-garou!

Puiſſes-tu te briſer bras, main, pied, chef, cul, cou,

Que toujours quelque chien contre ta jupe piſſe,

Qu'avec ſes trois goſiers Cerberus t'engloutiſſe,

Le grand chien Cerberus, cerberus le grand chien,

Plus beau que toi cent fois, & plus homme de bien.

D. FERNAND *contre Béatrix.*

Retirez-vous d'ici ſotte, mal-aviſée.

JODELET.

Ne vous en ſervez plus, ce n'eſt qu'une ruſée,

Je la garantis telle.

D. FERNAND.

O Dieu ! je meurs de peur ,
Que ce maître-brutal n'aille trouver sa sœur.
Il faut le mettre aux mains avecque sa Maîtresse.
Je vous quitte un moment pour affaire qui presse ;
Ma fille cependant demeure auprès de vous.

JODELET.

Bien, bien, allez-vous-en. En depit des jaloux,
Ne pourrai-je savoir , ô Beauté succulente ,
Que j'aime aut ant qu'un Oncle,& bien plus qu'u-
      ne Tante ,
Comment dans votre cœur Dom Juan est logé?
Je n'ai pû le savoir , & j'en suis enragé.

ISABELLE.

Pour vous dire la chose avec toute franchise ,
D'aujourd'hui seulement je suis d'amour éprise ,
Je n'avois dans l'esprit que de l'aversion ,
Le dédain seulement étoit ma passion ;
Mais hélas ! croyez-moi , depuis votre venue
La flame de l'amour m'est seulement connue ;
Et bien que mon amour à nul autre second
Doive se réjouir quand le vôtre y répond ,
Au contraire je suis dans une peine extrême
De voir que vous m'aimez,& qu'il faille que j'aime;

Car votre humeur du mien ne peut être le prix.

Encore que par vous mon cœur se trouve pris,

Bien qu'à vous & chez vous, soit tout ce que j'adore,

Sachez pourtant qu'en vous est tout ce que j'ab-

    horre.

J O D E L E T.

Ma foi j'entends bien peu ce discours rafiné,

Je connois seulement qu'il est passionné.

Où diable prenez-vous tant de philosophie ?

I S A B E L L E.

Il faut bien envers vous que je me justifie,

Vous doutez de ma flame. Oui, j'aime encore un

    coup.

Ce que j'aime est à vous, & je l'aime beaucoup ;

Et lorsque je vous vois, j'apperçois tout ensemble

L'objet de mon amour, & je brule & je tremble ;

Je brule de défir, & je tremble de peur ;

Vous caufez à la fois ma joye & ma douleur.

Fut-il jamais un mal plus étrange & plus rare ?

Lorfque je le dis moins, quafi je le déclare ;

Et fi je le difois, au lieu de m'alléger,

Au lieu de me guérir, je ferois en danger :

Et quand fans découvrir ou bien cacher ma flame,

Je tâche à déguifer ce que je fens dans l'ame,

En ce déguifement je trouve un fort égal,

<table><tr><td>*Tome IV.*</td><td>E 3</td></tr></table>

C'eſt-à-dire, par tout je n'ai rien que du mal.

J O D E L E T.

J'entends encore moins ce diſcours-ci que l'autre,
Je connois ſeulement que l'amour la rend nôtre,
Que la pauvrette brule à notre intention,
Car elle me lorgnoit avec attention.
Depuis que je vous vis, bel Ange tutélaire.....
Parbleu ! pour achever je ne ſai comment faire.
Aprochez , mon valet, faites pour moi l'amour,
Puis après je viendrai la reprendre à mon tour.

D. J U A N.

Mais, Monſieur.

J O D E L E T.

Mais faquin , vous voudriez peut-être
Me donner des conſeils, ſuis-je pas vôtre Maître ?
Et qui ſait mieux que vous le bien que je lui veux?
Et qui pourra donc mieux lui faire ſavoir, gueux ?

D. J U A N.

Madame, j'obéis , puiſqu'on me le commande.

J O D E L E T.

Qu'il a peur de faillir avec ſa houpelande !
Çà radouciſſez-vous, ſans faire le railleur,
Faites bien les doux yeux, & donnez du meilleur;
Je m'en vais cependant faire auprès de la porte ,
Quelques réflexions ſur choſe qui m'importe.

BEATRIX.

Comment pourrai-je donc tirer hors de ſon trou
Ce maudit Dom Louis ? male-peſte du fou !

JODELET.

Mais n'eſt-ce point auſſi, Madame, ſon étoile,
Qui la pouſſe ſur nous ainſi qu'à pleine voile ?
La fortune, ma foi, s'iroit rire de moi,
Si m'offrant tel bonheur je ne vous l'empaumois.
Mon Maître, que ſait-on ? peut en être bien aiſe;
Mais s'il arrive auſſi que cela lui déplaiſe,
Prenons l'occaſion, au péril d'un affront,
Par le fin beau toupet qu'elle a deſſus le front ;
Par derriére elle eſt chauve, & paroît une dogue.
Mais qui l'eut jamais dit, qu'un viſage de dogue
Pût donner de l'amour ? il faut en profiter,
Et quand nous ferons feuls je prétends la tenter.
Rêvons un peu deſſus cette préſente affaire.
Mon valet, vous a-t-on mis-là pour ne rien faire?
Vous parlez à l'oreille ; hà vraiment, maître ſot ;
Ou vous parlerez haut, ou vous ne direz mot.

D. JUAN.

J'ai cru que parlant haut, je pourrois vous diſtraire.

JODELET.

Non, non, parlez tout haut, ſi vous voulez me plaire.

D. JUAN.

Je m'en vais donc vous dire ici ma paſſion ;
Mais tout ce que je fais n'eſt rien que fiction ;
Je ne ſuis pas ici ce que je devrois être,
Et ce n'eſt pas ainſi que j'y devrois paroître.
Lorſque je m'imagine, objet charmant & doux,
Le bien qu'aura celui qui ſera votre époux,
Mon ame, je l'avoue, eſt de frayeur ſaiſie,
En un mot je me ſens épris de jalouſie :
C'eſt aſſez vous montrer que j'aime avec excès.
Mais qui m'aſſurera d'avoir un bon ſuccès ?

JODELET.

Otez-vous vitement, je tiens une penſée
Qui vaut ſon peſant d'or. Si mon ame inſenſée,
Tout ainſi que la mer a ſon flux & reflux,
Pouvoit s'émanciper.... Hà ! je ne la tiens plus,
Elle m'eſt échappée, adorable Iſabelle,
Le plaiſir que je prens en vous voyant ſi belle,
M'a ſeché la mémoire & troublé les eſprits ;
Ou bien plutôt c'eſt toi, maudite Béatrix,
Qui me porte guignon : allons vite, qu'on gille ;
Vous auſſi, mon valet, qui faites tant l'habile ?
Qu'on me laiſſe ici ſeul.

ISABELLE.

Quoi, ſeul, qu'en diroit-on ?

JODELET.

Et qui peut en parler , si je le trouve bon?

ISABELLE.

Au moins que Béatrix.....

JODELET.

                    Je n'en veux point démordre.

Vous ne pouvez faillir,puisque c'est par mon ordre;
Puis , je n'ai pas encor visité le balcon,
Allons-y prendre l'air , on dit qu'il y fait bon.

ISABELLE.

Oui, principalement lorsque quelque vent souffle.

D. JUAN.

Quel diable de dessein peut avoir ce maroufle ?
Je le veux observer.

JODELET.

                    Allons donc , mon souci.

ISABELLE.

Vous me dispenserez , je ne bouge d'ici.

JODELET.

Oui,vous ne bougerez. Hà ! c'est trop de mystère,
Savez-vous que je suis un homme très-colère ?
Çà donc , vite, qu'on vienne.

ISABELLE.

                    O Dieu! quel insolent !

Quoi me tirer ainsi d'un effort violent !

Et je puis vivre encor! ô fortune cruelle ?
Faut-il que ce brutal trouve que je fuis belle ,
Et que pour éviter le péril que je cours ,
Le trépas foit le feul qui m'offre fon fecours?

JODELET.

Hà! ma Reine, de grace....

ISABELLE.

O le dernier des hommes ,
Sache , fi ce n'étoit les termes où nous fommes ,
Que je t'arracherois & le cœur & les yeux ,
Et qu'avec ces deux mains.

JODELET.

Mais plutôt faites mieux ,
Souffrez que je les baife.

ISABELLE.

Hà! je fuis enragée ;
Quoi! je n'étois donc pas déjà trop outragée ?
Laiffons-là ce brutal.

D. JUAN *le furprend.*

Hà, hà, maître vilain.
Vous vous ingérez donc de lui baifer la main?

JODELET.

Moi! c'eft qu'elle a baifé la mienne.

D. JUAN.

Ame de boue ,

Tu railles donc, pendart, & tu crois que je joue?
Infâme fac à vin, infolent, effronté,
Tu te repentiras de ta témérité.

J O D E L E T.

Hà, mon Maître!

D. J U A N.

Hà coquin!

J O D E L E T.

Hà la tête! hà l'épaule!
Hà de grace, Seigneur!

D. J U A N.

Si j'avois une gaule,
Je te ferois crier d'une étrange façon.
Mon Dieu! c'eft elle-même.

J O D E L E T *fe jette fur fon Maître.*

Et comment, beau garçon,
Ofes-tu devant moi médire d'Ifabelle?
Tu ne la trouves donc que paffablement belle?
Maître grimpe-potence, & par haut & par bas,
Et de pieds & de mains.

I S A B E L L E.

Hé, ne le frappez pas.

D. J U A N.

Hà bourreau!

JODELET.

Tu fauras comme les bras fe caffent.

ISABELLE.

Que vous a-t-il donc fait ?

JODELET.

Ce font chaleurs qui paffent.
Le voyez-vous bien là ce vrai grippe-manteau,
Il ne mérite pas qu'on lui donne de l'eau.
Tu ne la trouves donc que paffablement belle ?
Et d'efprit elle n'eft auffi que telle-quelle ?

ISABELLE.

Il me hait donc, l'ingrat! hà! c'eft pour en mourir.

D. JUAN.

Je ne puis différer, je vai me découvrir ;
Enfin je ne fuis plus.....

JODELET.

Loin, loin d'ici, profane,
N'attends plus rien de moi fi ce n'eft coups de
canne.
Puis-je pas le chaffant retenir fon habit ?

ISABELLE.

Non, non, fi j'ai chez vous tant foit peu de crédit,
Qu'il ne foit point chaffé : ce n'eft pourtant qu'un
traître.

D. JUAN.

Jamais coquin peut-il plus offenfer fon Maître ?
Et qui l'eût jamais cru de ce chien de valet ?

JODELET.

Je vous quitte un moment , mon Ange.

ISABELLE.
Jodelet ?

D. JUAN.

Madame ?

ISABELLE.

Je rougis , & ne fai que lui dire.
Je vous nommois tantôt l'auteur de mon martyre,
Et j'avois de l'amour pour vous: n'en croyez rien,
Ce n'eft qu'à Dom Juan que je voulois du bien,
Vous étiez Dom Juan alors , mais à cette heure
Vous êtes Jodelet.

D. JUAN.

Hà , Madame , je meure !
S'il me peut arriver jamais un bien plus doux ,
Que de voir Dom Juan quelque jour votre époux.

ISABELLE.

Il ne m'aima jamais , j'en fuis trop affurée,

D. JUAN.

Jamais chofe de moi ne fut plus défirée ,
J'y mets toute ma gloire & mon ambition.

I S A B E L L E.

Vous êtes donc content, car c'eſt ma paſſion.

D.   J U A N.

Oui je ſerois content, trop aimable Iſabelle,
Si j'étois aſſurez que vous fuſſiez fidelle ;
Mais hélas ! juſqu'ici, tant mon malheur eſt grand,
Tout ſemble vous convaincre, & rien ne vous dé-
fend.

S C E N E   V I I I.

I S A B E L L E ,   B E A T R I X.

B E A T R I X.

IL s'en eſt donc allé, le mignon de couchette?
Je pourrai maintenant tirer de ſa cachette
Le Seigneur Dom Louis.

I S A B E L L E.

L'as-tu bien vu ſortir?

B E A T R I X.

Il n'en faut point douter.

I S A B E L L E.

Va le faire partir,
Et me vien retrouver au jardin.

BEATRIX.

Malheureufe,
Né vois-je pas fortir cette Dame pleureufe ?
A qui diable en veut donc ce phantôme hideux !
Pefte foit de la Dame & du fot amoureux !

SCENE IX.

LUCRECE, D. LOUIS.

LUCRECE.

CE procédé nouveau me furprend & m'étonne,
C'eft mal me protéger alors qu'on m'abandonne.
Je reviens, m'a-t-il dit, à vous dans un moment
Et comme fi c'étoit trop de ce compliment,
Et de m'avoir donné fa chambre pour afyle,
Il eft peut-être allé fe divertir en ville.
Je viens tout maintenant d'ouïr des gens parler,
Crier fort haut, fe battre, & fe bien quereller ?
Tout ceci me paroît de fort mauvais augure,
Mais je veux leur montrer une autre procédure ;
Je prendrai congé d'eux avant que de fortir,
Je ne puis faire moins que les en avertir.
Je penfe que voilà la chambre d'Ifabelle,
Elle eft ouverte, entrons, & prenons congé d'elle;

Mais j'y vois, ce me semble, un homme; ô Dieu!
    c'est lui ,
Je ne puis l'éviter.

D. L o u i s.

               Je pense qu'aujourd'hui
Béatrix a dessein de faire ici mon gîte ;
Mais, ô chére Isabelle, où courez-vous si vite?
Je ne suis pas ici pour vous persécuter ;
Quoi! vous ne voulez pas seulement m'écouter ?
Et cependant pour vous nuit & jour je soupire.
Hélas! je n'ai qu'un mot seulement à vous dire.
Vous m'avez envoyé tantôt faire à Burgos
Des crimes assez noirs pour n'avoir point d'égaux,
Vous m'avez reproché ma flame criminelle,
Comme si je trouvois quelqu'autre fille belle
Après vous avoir vue, ou celle que j'y vi,
Dont pour passer le tems je me feignis ravi,
Ne posséda jamais que des appas vulgaire,
Qu'elle estimoit charmans, & qui ne l'étoient
    guéres.
Pour vous le témoigner, mon nom je lui feignis,
Et ce fut par pitié que je me contraignis.
A passer quelques nuits devisant avec elle ;
Je n'en ai depuis eu ni demandé nouvelle,
D'en savoir ce n'est pas aujourd'hui mon souci.

LUCRECE *ouvrant son voile.*

Hà ! je veux t'en aprendre, infame, la voici,
Celle qui n'eut jamais que des appas vulgaires,
Celle qui t'aimoit tant & que tu n'aimois guères,
Qui te haït maintenant & qui te haïra,
Qui morte ou vive, aimée ou méprisée, ira
Te reprocher par-tout, Amant impitoyable,
Que ne t'ayant rien fait que n'être pas aimable,
Tu la devois laisser pour ce qu'elle valoit,
Sans feindre de l'aimer : oui, traître ! il le falloit,
Et ne l'appeller pas, & ton ame & ta Reine.
Hélas ! j'aurois un frére, & je ferois sans peine,
Au lieu que je me vois par cette trahison
Sans honneur, sans appui, sans frére & sans maison.
Tu penses m'échapper, homicide ! parjure !
Au secours ! à la force !

D. LOUIS.

Hà ! Madame, je jure
Que vous serez contente.

LUCRECE.

Ame double & sans foi....

SCENE X.

D. JUAN, LUCRECE, D. LOUIS.

D. JUAN.

Quel defordre eft ceci ?

LUCRECE.

Dieu, qu'eft-ce que je voi?

D. JUAN.

N'eft-ce pas là ma fœur ?

LUCRECE.

N'eft-ce pas là mon frére?

D. JUAN.

Et l'un & l'autre objet me mettent en colére.

D. LOUIS.

A qui donc en veut-il ?

D. JUAN.

Je fuis tout affuré
Du crime de ma fœur, je n'ai pas avéré
Tout-à-fait mes foupçons, commençons donc
 par elle,
Malheureufe !

LUCRECE.

Hà ! Seigneur.

D. Louis.

J'entreprends sa querelle,
Encore qu'elle cherche à se venger de moi.
Mais quel droit prétens-tu sur elle ?

D. Juan.

Je le doi.

D. Louis.

Toi, n'es-tu pas valet ?

D. Juan.

Dom Juan est mon Maître,
Son honneur est le mien.

Lucrece.

Il se céle peut-être.
Avec quelque dessein.

D. Louis.

Quoi, me voir quereller
Deux fois par un valet ?

D. Juan. *Lucréce veut sortir.*

Hà ! non pour s'en aller,
C'est ce que je ne veux & ne dois pas permettre,
Mais en cette maison qui vous a donc pu mettre,
Et pourquoi tant de cris ?

Lucrece.

Vous allez tout savoir.
J'entrois dans cette chambre, & c'étoit pour y voir
Isabelle ; j'ai vu cet homme, ce me semble,

Qui m'a paru furpris; las, encore j'en tremble.
A quelle intention il s'y vouloit cacher;
Je ne fai; le voyant fortir, pour l'empêcher,
J'ai crié, mais je crois que fans votre venue.....

D. J U A N.

C'eft affez, c'eft affez, mon offenfe eft connue;
Je veux fermer la porte.

L U C R E C E.

Hélas! je meurs de peur.

D. J U A N.

Il faut, ô Dom Louis, faire voir fa valeur.

D. L O U I S.

Tu mourras de ma main.

D. J U A N.

Je vous tiens.

L U C R E C E.

Je fuis morte.

D. L O U I S.

On frappe, on vient à nous.

D. J U A N.

Achevons, il n'importe.

SCENE XI.

D. FERNAND, LUCRECE, D. JUAN, D. LOUIS, ISABELLE.

D. FERNAND *déhors.*

IL la faut enfoncer.

LUCRECE.
Je ferai bien d'ouvrir.

D. JUAN *parlant tout bas à sa sœur.*

N'ouvrez pas, si par toi l'on peut me découvrir.....

LUCRECE.

Hà, Seigneur Dom Fernand, appellez tous les
    vôtres.

D. FERNAND.

Arrêtez, par la mort! le premier de vous autres
Qui ne rengainera, je ferai contre lui.
O Dieu, que d'embarras m'accablent aujourd'hui!
Qui vous a mis ici, mon neveu? vous Lucréce,
Qui vous a découverte? & vous, quel mal vous
    presse,
Qui n'avez fait encor ici que quereller?

D. LOUIS.

Vous allez tout savoir.

Tome IV.   F 3

D. JUAN.

Non, laissez-moi parler,
Je le sai mieux que lui : mais il faut que je sache
Si ce n'est pas céans que Lucréce se cache,
Si Dom Louis n'est pas parent de la maison.

D. FERNAND.

Oui, l'un & l'autre est vrai.

D. JUAN.

N'est-ce pas la raison
Qu'un valet dans l'honneur d'un Maître s'intéresse,
Lorsque dans son honneur, on l'attaque, on le blesse?

D. FERNAND.

On ne le peut nier.

D. JUAN.

Ecoutez si j'ai tort.
Je suis ici couru que l'on crioit bien fort;
Lucréce avoit trouvé, sans doute à l'insu d'elle,
Dom Louis dans la chambre où se couche Isabelle;
Je l'ai vue éplorée, aux prises avec lui,
Il faut qu'il ait été caché tout aujourd'hui,
Car je n'ai pas levé l'œil de dessus la rue,
Et l'on n'a pu sortir sans passer à ma vue.

D. LOUIS.

Hà ! c'est pour un valet trop de rafinement.

D. JUAN.

Je ne suis pas au bout, il faut assurément,
Mon Maître étant époux de Madame Isabelle,
Qu'il se trouve offensé pour Lucréce, ou pour elle.
Il pourroit bien encor l'être pour toutes deux :
Je ne puis donc manquer en un cas si douteux,
Puisqu'en toutes les deux il peut aller du nôtre,
D'achever Dom Louïs, ou pour l'un, ou pour l'autre.

D. LOUIS.

D'achever ? tu n'as pas encore commencé.

D. FERNAND.

Arrêtez, Dom Louïs, vous êtes insensé,
Jodelet, hà ! voici la plus étrange affaire
Dont on ait ouï parler.

D. JUAN.

Vous n'y pouvez rien faire,
Il faut que je le tue.

D. FERNAND.

Hà, mon cher Jodelet !
Remettez votre épée.

ISABELLE.

Il faut que ce valet
Soit jaloux pour son Maître, & la chose est nouvelle.

D. JUAN.

On ne fauroit jamais vuider notre querelle ;
Mais pour l'amour de vous j'ofe bien hazarder
Un moyen qui pourra les chofes retarder ;
C'eft que vous me faffiez chacun une promeffe ;
Vous, Seigneur Dom Fernand, de remettre Lucréce
Au pouvoir de fon frére fitôt qu'il le voudra ;
Vous, Seigneur Dom Louis, fitôt que l'on pourra,
De vous couper la gorge avec Dom Juan même.

D. LOUIS.

Quant à moi je ne puis fans une peine extrême,
Prendre ou donner parole à des gens comme toi.

D. JUAN.

Sachez que Dom Juan n'eft pas autre que moi.
Si ce n'eft que bientôt Dom Juan vous affomme ;
Vous favez fi je fuis, ou puis être votre homme.

D. FERNAND.

Oui, nous vous promettons ce que vous défirez :
Mon neveu ?

D. LOUIS,

   Je ferai tout ce que vous voudrez ;
Je donne ma parole.

D. JUAN.

     Et je donne la mienne,
Que je n'avance rien que Dom Juan ne tienne.

D. LOUIS.

Je n'ai donc qu'à chercher votre Maître demain.

D. JUAN.

Vraiment vous n'aurez pas à faire grand chemin.

D. FERNAND.

Je m'en vai le chercher.

D. JUAN.

Vous y pourrai-je fuivre ?

D. FERNAND.

Oui, venez.

D. JUAN.

J'ai bien peur que nous le trouvions ivre.

Fin du troifiéme Acte.

ACTE IV.

SCENE PREMIERE.

LUCRECE, ISABELLE.

LUCRECE.

Votre civilité m'eſt ici bien cruelle :
Laiſſez-moi, laiſſez-moi ſortir, belle Iſabelle.

ISABELLE.

Eh quoi, vous penſez donc ainſi nous échaper ?
Le bon homme n'eſt pas ſi facile à tromper,
Il s'en eſt bien douté ; mais tantôt il eſpére
De vous racommoder avecque votre frére ;
C'eſt une affaire aiſée, où je me trompe fort.

LUCRECE.

Mon frére ne ſe peut fléchir que par ſa mort ;
Délivrez-vous plutôt de cette infortunée,
Ses pleurs s'accordent mal avec votre hymenée :
Car, vous dirai-je enfin la choſe comme elle eſt ?
Dom Juan n'eſt rien moins que ce qu'il vous pa-
roit.

ISABELLE.

Hà ! le voici venir, cachez-vous, je vous prie,

Vous n'avez qu'à paſſer dans cette galerie ,
Pour gagner le jardin où je vais vous trouver :
Cependant je me cache ici pour l'obſerver.

S C E N E II.

J O D E L E T *ſeul en ſe curant les dents.*

SOyez nettes , mes dents, l'honneur vous
      le commande ,
Perdre les dents eſt tout le mal que j'appré-
      hende.
L'ail , ma foi ! vaut mieux qu'un oignon.
Quand je trouve quelque mignon ,
Sitôt qu'il ſent l'ail que je mange ,
Il fait une grimace étrange ,
Et dit la main ſur le rognon ,
Fi , cela n'eſt point honorable.
Que béni ſoyez-vous , Seigneur ,
Qui m'avez fait un miſérable ,
Qui préfére l'ail à l'honneur.
    Soyez nettes , mes dents , &c.
Que ce fut bien fait au Deſtin
De ne faire en moi qu'un faquin ,
Qui jamais de rien ne s'offenſe !
Ma foi j'ai raiſon quand je penſe

Que plus grand eſt l'heur du Gredin,

Ni que du Prélat en l'Egliſe,

Ni que le Prince en un Etat.

D'être peu beaucoup je me priſe,

Il n'eſt rien tel qu'être pied-plat.

    Soyez nettes, mes dents, &c.

Quand je me mets à diſcourir

Que le corps enfin doit pourrir.

Le corps humain où la prudence,

Et l'honneur font leur réſidence ;

Je m'afflige juſqu'au mourir.

Quoi, cinq doigts mis ſur une face,

Doivent-ils être un affront tel,

Qu'il faille pour cela qu'on faſſe

Appeller un homme en duël ?

    Soyez nettes, mes dents, &c.

Un Barbier y met bien la main,

Qui bien ſouvent n'eſt qu'un vilain,

Et dans ſon métier un grand aze ;

Alors que tel Barbier vous raze,

Il vous gâte un viſage humain ;

Pourquoi ne t'en veux-tu pas battre,

Toi qu'un ſoufflet choque ſi fort,

Que tu t'en fais tenir à quatre ?

Un Souffleté vaut bien un Mort.

Soyez nettes   mes dents , &c.
Pour moi j'eſtime moins qu'un chien ,
Celui qui n'aime ici-bas rien ,
Que botte en tierce , ou bien en quarte ,
Ou cheval qui de la main parte ,
Ou piſtolet qui tire bien.
Faut-il qu'en duëls on abonde
Pour quelque injure que ce ſoit ,
Si coups de bâton ſont au monde ,
Qui font mal quand on les reçoit ?
Soyez nettes mes dents , &c.
Meſſieurs les Lions rugiſſans ,
Que vous allez éclairciſſans ,
Au gré de votre jeune bile ,
Sachez qu'aux champs comme à la ville ,
Un ſoufflet vaut mieux que cinq cens ,
Puiſque ſoufflets les deshonorent.
Ou les hommes ſont inſenſés ,
Ou Meſſieurs les vivant ignorent
Quels ſont Meſſieurs les Trépaſſés.
Soyez nettes mes dents , l'honneur vous le com-
mande ,
Perdre les dents eſt tout le mal que j'appréhende,

SCÈNE III.

BEATRIX, JODELET.

BEATRIX.

HA! Seigneur Dom Juan, on vous a bien cherché.

JODELET.

On devoit me trouver, je n'étois pas caché.
Et qui sont ces chercheurs?

BEATRIX.

L'un est vôtre Beaupére,
Et l'autre Dom Louïs, fils de son défunt frére :
Votre valet en est aussi.

JODELET.

J'étois allé
Chez un ami, manger un pied de bœuf salé,
Où j'ai trouvé un ail qui sent bien mieux que l'am-
bre ;
Quelle clef tenez-vous?

BEATRIX.

Celle de votre chambre ;
Dom Fernand vous destine un autre appartement,
Où vous serez bien mieux & plus commodément.

J O D E L E T.

Pourquoi ce changement?

B E A T R I X.

Il craint la médifance,
Et vous ne pouvez pas avecque bienféance
Coucher près de fa fille.

J O D E L E T.

Hò! chére Béatrix,
Sais-tu bien que pour toi je fuis d'amour épris ;
De tout tems je me trouve enclin aux Béatriffes,
Pour toi je couve un feu plus chaud que des Epices.

B E A T R I X.

Moi j'aime de tout tems les Seigneurs Doms Juans,
Et je fentis mon mal quand vous vintes céans.

J O D E L E T.

Follette, Dieu me fauve.....

B E A T R I X.

Hà, prenez-la donc vite.

J O D E L E T.

Mais viens donc me mener jufqu'à ce nouveau gîte.

B E A T R I X.

Tarare, fuivez-moi, j'y vai tout de ce pas.

J O D E L E T.

Larroneffe des cœurs, tu n'échapperas pas.

Las, faut-il donc que pour vous que notre poitrine
    arde,
Si vous n'êtes pour nous qu'une Nymphe fuyarde?

SCENE IV.

ISABELLE, JODELET.

ISABELLE.

QUoi, Seigneur Dom Juan, vous courez Béatrix?

JODELET.

Je voulois tant soit peu m'ébaudir les esprits.

ISABELLE.

Je ne vous croyois pas de si peu de courage.

JODELET.

Ce sont jeux de garçon qui passent avec l'âge.

ISABELLE.

Vous donnerez de vous mauvaise opinion,
Et je dois bien douter de votre affection.

JODELET.

Allez-vous-en filer, notre épouse future:
Plus grand' Dame que vous est Madame Nature;
Je suis son serviteur & le fus de tout tems.
Et nargue pour tous ceux qui n'en sont pas contens.

ISABELLE.

Je vai donc vous laiſſer de peur de vous déplaire.

JODELET.

Objet charmant & beau, vous ne ſauriez mieux
    faire.
Ma foi, je m'y ſuis pris de mauvaiſe façon,
Car je ſais que ſon cœur ne fut jamais glaçon.
Ariſtote a raiſon, qui dit qu'une Maraude
Ne ſe doit point prier ; mais il faut à la chaude
La griper aux cheveux, la ſaiſir au collet,
Quelquefois l'affoiblir avec un beau ſouflet ;
Si ſoufet ne ſuffit, uſer de la gourmade ;
Si la gourmade eſt peu, lors de la baſtonnade,
Tout homme de bon ſens doit, ce dit-il, uſer
Pour la mettrè en état de ne rien refuſer.
Mais autre cenſeur vient, de mes cenſeurs le pire.

SCENE V.

D. FERNAND, JODELET.

D. FERNAND.

JE vous cherche par tout, Dom Juan.

JODELET.

Que défire

L'équitable Fernand de fon humble valet ?

D. FERNAND.

N'avez-vous rien apris de votre Jodelet ?

JODELET.

Non, mais avant la nuit je le verrai poffible.

D. FERNAND.

C'eft pour vous propofer chofe affez peu plaufible.

JODELET.

Quelle eft donc cette chofe ?

D. FERNAND.

Il faut abfolument ;

(Penfez bien, qu'à regret....)

JODELET.

Que faut-il ? vitement.

D. FERNAND.

Aller à la campagne.

JODELET.

Eft-ce tout ? que m'importe !

D. FERNAND.

Oui, mais c'eft pour vous battre.

JODELET.

Hà, non en cette forte,

Il m'importe beaucoup ; mais fi fans réfifter

Je veux vous obéïr, à quoi bon m'irriter !

D. FERNAND.

Parce qu'on vous a fait une offenfe mortelle.

JODELET.

Dom Fernand, vous montrez ici peu de cervelle,
Il faut que vous foyez certes un Maître-fou.

D. FERNAND.

Courage, Dom Juan; mais puis-je favoir d'où
Vous pouvez inférer que je-ne fois pas fage ?

JODELET.

De venir fottement m'avertir d'un outrage
Que je ne favois point , & ne voulois favoir.

D. FERNAND.

Aprenez en cela que j'ai fait mon devoir,
Et que fi vous voulez vous acquiter du vôtre,
Il faut fans vous fervir de la valeur d'un autre,
Aujourd'hui , s'il fe peut , voir l'épee à la main
Celui qu'on fait avoir tué votre germain.
Il le tua la nuit, foit hazard, foit vaillance,
Vous devez vitement en faire la vengeance.

JODELET.

Fût-ce la nuit ?

D. FERNAND.

La nuit

JODELET.

                    Se batte qui voudra:
Puisque sans voir il tue, alors qu'il me verra,
Que pourrois-je durer contre un tel Matamore?
Et de plus, voulez-vous que je vous dise encore
L'avantage qu'auroit ce dangereux garçon?
C'est que cet enragé sait dejà la façon
Dont il faut dépêcher ceux de notre lignage.

D. FERNAND.

Pensez-vous, Dom Juan, avoir bien du courage?

JODELET.

Oui-dà, j'en ai beaucoup, & n'en ai que du bon.
Dites-moi seulement où le trouvera-t-on?
Est-il bien loin d'ici? se fera-t-il attendre?
Savez-vous son logis? le pourra-t-on aprendre?
Et son nom quel est-il?

D. FERNAND.

                    Dom Louis de Rochas.

JODELET.

Quoi, c'est votre neveu? Je ne me bats donc pas,
Puisqu'il a votre nom qui m'est si vénérable;
Cette qualité m'est assez considérable
Pour me mettre à ses pieds où je le trouverai,
Et si vous le voulez, même je l'aimerai.

D. FERNAND.

Ce n'eſt pas tout encore, une ſeconde offenſe
Vous devroit contre lui porter à la vengeance,
Votre ſœur a ſujet de ſe plaindre bien fort.....

JODELET.

Je veux qu'en offenſant ma ſœur il ait eu tort ;
Mais j'ai fait un ſerment, & n'en déplaiſe auxDa-
   mes,
De ne prendre jamais querelle pour des Femmes.

D. FERNAND.

Vous êtes un poltron, ou je me trompe bien.

JODELET.

Au Beau-pére cela ne doit toucher en rien.

D. FERNAND.

Aprenez néanmoins que tout ceci me touche.

JODELET.

Beaupére trop hargneux, Beaupére trop farouche,
Beaupére aſſaſſinant, & Beaupére éternel,
Qui vient me propoſer un acte criminel,
Que vous a dejà fait un miſérable gendre,
Que vous tâchez déjà de voir ſon ſang répandre ?
Monſeigneur Belzebut, qui vous puiſſe emporter,
Vous auroit-il chargé de me venir tenter ?
Si le danger n'étoit que d'un ſimple homicide :
Mais vous voulez ſur moi voir faire un gendricide,

Et le faire devant la confommation,
Eft certes, Dom Fernand, très-cruelle action.

D. FERNAND.

Votre valet tantôt a donné fa parole
De fe battre pour vous.

JODELET.

     Qu'il la tienne, le drole,
Je ne fuis point jaloux de le voir plein de cœur.

D. FERNAND.

Vous ne vous battez point pour frére ni pour fœur?

JODELET.

Il faut être en humeur pour fe battre, & je meure,
Si j'y fus jamais moins que j'y fuis à cette heure.

D. FERNAND.

Je vous croyois vaillant, je me fuis bien trompé.

JODELET.

Quand d'un glaive tranchant je ferai découpé,
Qu'en fera mieux ma fœur? qu'en fera mieux mon
  frére?
Laiffez-moi donc en paix, homme, finge, ou
  Beaupére.

D. FERNAND.

Vous n'avez qu'à chercher autre femme à Madrid.

JODELET.

Que vous euffiez aimé pour votre gendre un Cid,

Qui vous eût affommé, puis époufé Chiméne!

D. FERNAND.

N'attendez plus de moi que mépris & que haine,
O le plus grand poltron qui jamais ait été!

JODELET.

Je fuis, ô Dom Fernand, de votre cruauté,
Malgré vos noires dents, ferviteur très-fidelle,
Et je le fuis auffi de Madame Ifabelle.

D. FERNAND.

Je ne fuis point le vôtre, & hors de ma maifon
Je vous forcerois bien à me faire raifon.

SCENE VI.

D. JUAN, D. FERNAND, JODELET.

D. JUAN.

QU'avez-vous, Dom Fernand, qui vous met
en colére?

D. FERNAND.

Ce gendre mal choifi.

JODELET.

Parlez mieux, mon Beaupére.

D. FERNAND.

Eloignons-nous de lui.   Ce gendre donc maudit

Vous defavoue en tout, & m'a nettement dit,
Qu'il n'étoit point d'avis de venger fon offenfe,
Et qu'il ne fut jamais enclin à la vengeance ;
Même il m'a quafi dit, qu'il a perdu le cœur.
Faites-lui revenir, fauvez-lui fon honneur,
Trop fidèle valet d'un trop timide Maître,
Montrez lui vivement quel homme il devroit être;
Qu'étant de Dom Louis doublement outragé,
C'eft l'avoir bien fervi que l'avoir engagé,
Quoique fon ennemi foit homme redoutable ;
Que cette offenfe auffi n'eft guères fupportable ;
Montrez-vous bon ami, montrez-vous bon valet,
Infpirez-lui du cœur, valeureux Jodelet.
Je fai bien qu'en ceci j'ai quelque part à prendre ;
Mais touchant mon devoir on ne peut rien m'a-
    prendre,
Si j'étois offenfé comme lui doublement,
On verroit Dom Fernand agir tout autrement.
Enfin n'oubliez rien afin qu'il s'évertue,
Son ennemi l'attend au bout de cette rue,
Qui s'imaginera qu'on le redoute fort.
Je m'en vai le trouver.

D. JUAN.

        Mais de quel autre tort
Mon Maître Dom Juan doit-il tirer vengeance ?

D. FERNAND.

Il vous aprendra tout, le voici qui s'avance.

D. JUAN.

Or çà, mon Jodelet, dis-moi fans rien changer,
Quels outrages nouveaux avons-nous à venger?

SCENE VII.

JODELET, D. JUAN.

JODELET.

S'En eft-il donc allé?

D. JUAN.
Oui.

JODELET.
Tant mieux; que je meure,
S'il ne m'a quafi fait enrager tout à l'heure.
Seigneur, il n'eft plus tems de fe plus déguifer,
Le faire plus longtems ce feroit niaifer;
Dom Louis en feroit une piéce pour rire.
Mais l'avez-vous pour moi défié?

D. JUAN.
Sans lui dire
Que j'étois Dom Juan, oui je l'ai défié,
Et ma foi je m'étois toujours bien défié

Que ce jeune galand cajoloit Isabelle ;
Enfin je l'ai trouvé tantôt caché chez elle,
Et sans un accident que je te dois celer,
Nous nous fussions battus au lieu de quereller,
Et je n'ai seulement l'affaire différée,
Qu'attendant que je voye un peu mieux avérée
Une chose qui n'est encore en mon esprit
Qu'un sujet de soupçon , de rage & de dépit ;
Car enfin ce peut être un coup de téméraire,
Un tour de Béatrix, que l'argent a fait faire :
Puis j'ai quelque raison pour croire assurément
Qu'Isabelle en ceci ne trempe nullement.

J O D E L E T.

Monsieur, ce n'est pas tout que votre jalousie ;
Autre chose vous doit brouiller la fantaisie,
Dom Louis en l'honneur vous offense bien fort :
De vous expliquer mieux la chose j'aurois tort,
Elle ne peut quasi s'entendre ni se dire,
L'un & l'autre l'augmente & la rend toujours pire.

D. J U A N.

Hà ! ne me la dis point , je la devine assez ;
Mais que tous mes malheurs & présens & passez
Se bandent contre moi, j'ai pour moi bon courage.
Et qui le fait encor ?

JODELET.

Tout le monde.

D. JUAN.

Hà! j'enrage.

Hà! maintenant fureur, je m'abandonne à vous.
Et Dom Fernand eſt-il pour nous, ou contre nous?

JODELET.

Dom Louis eſt ſon ſang, mais pour l'honneur du
vôtre
Il fait ce qu'on ne fit jamais pour pas un autre,
Il veut que Dom Louis vous en faſſe raiſon,
Et Dom Louis m'attend près de cette maiſon,
Qui me croit Dom Juan.

D. JUAN.

Il faut que je le tue;
Mais on eſt bien ſouvent ſéparé dans la rue,
Les combats de pavé ſont moins guerre que paix,
C'eſt à quoi je ne puis me réſoudre jamais:
J'hazarde ma vengeance allant à la campagne,
On n'y fait quaſi plus de combat en Eſpagne,
Qu'on ne conte la choſe autrement qu'elle n'eſt,
Et ce lieu de combat moins que l'autre me plaît.
Si dans quelque maiſon, quoique contre la mode...

JODELET.

Attendez, je vous trouve une place commode.

Je tiens ici la clef d'un bas appartement,
Où nous devons coucher ; là très-commodément
Vous pourrez vous venger prefqu'aux yeux d'I-
     fabelle,
Sans qu'il en foit rien fu que de fon Pére ou d'elle.

D. J U A N.

Hà, mon cher Jodelet, que tu l'as bien choifi!
Va vite le trouver.

J O D E L E T.

                    Mais plutôt allez-y.
Il eft tems, ou jamais, qu'on fache qui vous êtes,
Comment prétendez-vous faire ce que vous faites,
Et paffer pour valet ? Allez, allez, Seigneur,
Vous découvrir, vous battre, & venger votre
     honneur.

D. J U A N.

Quoi! fi par un effet de pure jaloufie,
Par un fimple foupçon né dans ma fantaifie,
J'ai déguifé mon nom, veux-tu pour un affront,
De qui le moindre mal eft de rougir mon front,
Que j'aille me montrer ? hà, plutôt je te prie,
Si tu n'aimes mieux voir Dom Juan en furie,
Souffre encore mon nom qui ne t'offenfe en rien :
Une offenfe eft bien pire, & je la fouffre bien.

JODELET.

Vous me l'ordonnez donc?

D. JUAN.

Même je t'en conjure.

JODELET.

Il faut vous obéir : mais fi par avanture,
Comme les hommes font fouvent impatiens,
Il vouloit degaîn er avant qu'être céans,
Que fera Jodelet qui n'aime point la guerre,
Et qui fe plait bien fort au féjour de la terre ?

D. JUAN.

Fais-lui figne de loin, il ne manquera pas
De te venir trouver ; & toi d'un même pas
Tu me l'améneras en cette chambre baffe.

JODELET.

Autre difficulté mon efprit embarraffe.
S'il eft court de vifiére ?

D. JUAN.

Hà ! c'eft trop difcourir,
Ne me replique plus, & me le vas querir.

JODELET.

Ce dur commandement terriblement me choque :
Mais, Seigneur, gardez-vous furtout de l'équi-
     voque,
Difcernez Jodelet d'avec que Dom Louis,

On a souvent les yeux de colère éblouis ;
Et si sans y penser avant Dom Louis j'entre,
Et que sans y penser vous me perciez le ventre,
Me disant, Jodelet, ma foi j'en suis marri,
Je serai tout à l'heure & content & guéri.

Fin du quatriéme Acte.

ACTE V.

SCENE PREMIERE.

BEATRIX *entre par une petite porte, une chandelle à la main.*

PLeurez, pleurez, mes yeux, l'honneur vous
    le commande,
S'il vous reste des pleurs, donnez-m'en, j'en demande.
    Je viens d'allumer ma chandelle,
    La nuit noire comme du geais
    Vient d'arriver pompeuse & belle]
    Plus que je ne la vis jamais ;
    De ses Demoiselles suivantes
    Les Etoiles étincelantes
    Elle traîne un brillant troupeau.
    Que ses servantes sont heureuses,
    Si d'un valet qui se croit beau
    Elles ne sont point amoureuses!
      Pleurez, pleurez, &c.
    Etoiles luisantes & nettes,
    Si vous en aimiez comme moi,
    Toutes célestes que vous êtes

Vous enrageriez fur ma foi.

Tantôt ce Grenadin , ce More ,

Comme du feu qui me dévore

Je lui contois la cruauté ,

M'a dit que je ne valois guères ,

Et qu'il étoit bien fort tenté

De me donner les étriviéres.

    Pleurez , pleurez , &c.

D'écus une affez bonne fomme

Devant lui je faifois fonner ,

Et lui faifois affez voir comme

Moi qui prens , je lui veux donner.

Auffi-tôt fon ame rebourfe

M'a donné de ma même bourfe

Un fi grand coup deffus le cou ,

Que je m'en fens toute échinée :

O que pour aimer un tel fou

Il faut que je fois forcenée !

    Pleurez , pleurez , &c.

S'il plaifoit à la Deftinée

Qu'il fût l'importun à fon tour ;

Et Béatrix l'importunée ,

Alors à beau jeu beau retour ,

Encore aurois-je quelque joie ;

Mais hélas ! jufques dans le foie

Il me brule le faux larron,

Et s'en rit, l'impitoyable homme,

Aussi fort qu'autrefois Néron

Rioit alors qu'il bruloit Rome.

Pleurez, pleurez, &c.

Et cependant mon mal me presse.

Mais quelqu'un vient par l'escalier,

C'est Isabelle ma Maîtresse,

Reprenons notre chandelier.

Que si quelqu'un de l'Assistance

Trouve qu'à moi n'appartient Stance,

Qu'il sache que l'Auteur discret

Qui sait fort bien que le Colloque

Est dangereux pour le secret,

M'a régalé d'un Soliloque.

Pleurez, pleurez, &c.

SCENE II.

ISABELLE, BEATRIX, LUCRECE.

ISABELLE.

MAdame Béatrix, que faites-vous ici?

BEATRIX.

Je prépare une chambre à votre Amant transi.

Tome IV. H

Et vous, d'où venez vous, & Madame Lucréce ?

ISABELLE.

Je viens de me donner en proye à la tristesse.

LUCRECE.

Madame, je vous dis pour la seconde fois,
Quand on auroit remis la chose à votre choix,
Vous ne pouviez choisir en toute la Castille
Un plus digne mari d'une excellente fille ;
Sitôt que Dom Juan vous sera mieux connu,
Vous me confesserez que je vous ai tenu
Un discours véritable.

ISABELLE.

       Et moi je vous assure
Lorsque si richement vous faites sa peinture,
Qu'il faut que de nous deux quelqu'une rêve bien,
Vous de le croire tel, moi de n'en croire rien.
Hélas ! à vous, sa sœur, l'oserois-je bien dire ?
Il semble qu'il ne songe à rien qu'à faire rire,
Toujours dans l'action d'un homme extravagant,
Soit par accoutumance, ou bien par accident,
Parlant toujours du nez, & de plus il affecte
La façon de parler toujours la moins correcte,
Toujours quelque mot goinfre entre dans ses dis-
    cours :
Et je pourrois passer heureusement mes jours

Avec un tel époux ? Hà fille malheureuse !
Encor fi je pouvois être Religieufe !
Mais hélas ! je me fens pour la Religion,
Et pour ce brave époux, pareille averfion.

BEATRIX.

Finiffez, finiffez votre quérimonie,
Et gagnons l'efcalier, & fans cérémonie :
Quelqu'un ouvre la porte, & l'on vous furprendra;
Quant à moi je m'enfuis, me fuive qui voudra.

SCENE III.

D. JUAN, JODELET, D. LOUIS.

D. JUAN *ouvre la porte, & en ôte la clef.*

Laiffons la porte ouverte, & gagnons cette al-
      cove,
Je les entens venir.

JODELET.

     Mon Maître, Dieu me fauve,
Ne fut jamais qu'un traître, il s'en eft en allé;
Hélas ! j'en ai quafi le fang tout congelé,
Et qui l'eût jamais crû ? Pefte, il ferme la porte!
Que deviendrai-je donc ?

D. L O U I S.

> Nous pouvons de la forte
Nous battre tout le foul, fi le cœur vous en dit.

J O D E L E T.

Vous me pardonnerez, je n'ai point d'appetit.

D. L O U I S.

Que differez-vous donc à venger votre outrage ?
Je crains votre raifon moins que votre courage ;
Vous ne me dites mot ? hé bien, qu'attendons-nous ?
Hà ! vraiment fi j'étois offenfé comme vous,
Je vous montrerois bien une autre impatience.

J O D E L E T.

Mon Maître affurément n'a point de confcience.

D. L O U I S.

Que diable cherchez-vous ?

J O D E L E T.

> Je cherche ma valeur.

D. L O U I S.

Après avoir tantôt montré tant de chaleur,
Vous êtes maintenant, ce femble, un peu tiéde ;
Mais pour vous rechauffer je tiens un bon remède.

J O D E L E T.

Hà, bon Dieu ! quelle longue épée à giboyer ;
Et qui peut feulement la voir fans s'effrayer !

D. L o u i s.

Dom Juan est poltron, ou fait semblant de l'être.

J o d e l e t.

Le Seigneur soit loué, je viens de voir monMaître,
Je n'ai plus maintenant qu'à faire le fougueux,
Ma colére est tantôt au point où je la veux ;
Sitôt qu'elle y sera vous verrez faire rage ;
Hà ! Seigneur, sortez donc, manquez-vous de
    courage ?

D. J u a n.

Va donc pour l'amuser te battre en reculant.
J o d e l e t *pousse une estocade, sans être en mesure.*
Dieu veuille être avec nous !

D. L o u i s.

                    L'effort est violent,
Vous vous battez fort bien.

J o d e l e t.

                    Assez bien ; hà, que n'ai-je
Contre les coups d'estoc quelque bon sortilége !
Attendez, hà, mon Maître, hà, c'est trop me presser,
Mon épée est fausfée, il faut la redresser.
N'avez-vous pas tué mon frére sans lumiére ?

D. L o u i s.

Oui.

Tome IV.   H 3

JODELET.

Pour vous témoigner que je ne vous crains
    guère,
Je ne veux point avoir d'avantage sur vous,
Je veux sans voir, vous battre, & vous rouer de
    coups.
Meurs donc, chandelle, meurs, & nous laisse en
    ténébres ;
Et vous, allez finir vos passe-tems funébres.
Pour moi qui suis exact en ce que je promets,
Je veux être pendu si l'on m'y prend jamais.

D. LOUIS.

C'est dans l'obscurité que la lumiére est belle,
Vous ne vous battiez pas si bien à la chandelle,
Et vous m'avez blessé, mais je m'en vengerai.

SCENE IV.

D. FERNAND, D. JUAN, JODELET, D. LOUIS.

D. FERNAND.

Beatrix.

D. JUAN.

Sors, sors vite, ou je t'étranglerai.

D. FERNAND.

Qu'eſt ceci, mes amis?

JODELET.

Je venge mon offenſe.

D. LOUIS.

On m'a tiré du ſang, j'en veux tirer vengeance.

D. FERNAND.

Eſt-ce d'une eſtocade ou d'un eſtramaçon?

JODELET.

L'un & l'autre, ma foi, n'eſt pas de ma façon.

D. FERNAND.

Montrez-moi, vous avez la main un peu coupée.

JODELET.

La ſale viſion que de voir une épée!

D. FERNAND.

Allons, mes chers amis, battez-vous hardiment,
Je ne parois ici pour la paix nullement.
L'un de qui l'honneur ſouffre eſt pour être mon
    gendre,
Et l'autre eſt mon parent qui voit ſon ſang répan-
    dre:
Battez-vous donc, amis, & bien fort, vous ſerez
Bien plutôt animés par moi que ſéparez.

D. LOUIS.

Votre conſeil eſt trop d'un homme de courage,

Pour n'être pas suivi.

J O D E L E T.

De tout mon cœur j'enrage,
Hà, le méchant vieillard, qui conseille un duel !

D. L o u i s.

La colére me rend insolent & cruël ;
J'ai trompé votre sœur, j'ai tué votre frére,
Je le ferois encor si j'avois à le faire,
Il ne me reste plus qu'à vous tuer aussi.

D. J u a n *sortant de l'alcove.*

Vous ne connoissez pas Dom Juan, le voici :
Vous trompâtes ma sœur, vous tuâtes mon frére,
Mais bientôt votre mort s'en va me satisfaire ;
C'est au vrai Dom Juan qu'appartient seulement
De venger son honneur offensé doublement.

D. L o u i s.

Quel est donc de vous deux Dom Juan ?

D. J u a n.

C'est moi-même,

D. L o u i s.

Et lui ?

J o d e l e t.

Je ne le suis qu'en cas de stratagême.

D. J u a n.

Oui, je suis Dom Juan qui vient de vous blesser.

Si je l'ai fait fans voir, vous pouvez bien penfer
Qu'à moi venger ma honte eft chofe fort aifée,
Maintenant que je vois celui qui l'a caufée.
Tandis que mon efprit a feulement douté,
J'ai voulu m'éclaircir, & n'ai rien attenté;
Sous le nom d'un valet j'ai fouffert mon offenfe,
Tandis qu'un feul foupçon m'en demandoit ven-
      geance.
Vous qui me l'avez fait, & l'ofez déclarer,
Vous me croyez peut-être un homme à l'endurer?
Je n'ai pour le favoir de fcience certaine
Oublié jufqu'ici ni fineffe ni peine;
Enfin mon deshonneur ne m'eft que trop connu,
Vous favez, Dom Louis, à quoi je fuis tenu;
Pour mon fang répandu, j'ai répandu du vôtre,
Mais deux autres fujets m'en demandent bien
      d'autre.
Je ne puis vivre heureux fans vous faire mourir,
Pour cela feulement j'ai dû me découvrir.
Je fuis donc Dom Juan, que perfonne n'en doute.

D. L o u i s.

Croyez-vous à ce nom que plus on vous redoute?

D. J u a n.

Et croyez-vous auffi me donner le trépas?
Vous ne tuez que lorfque l'on ne vous voit pas:

Mais puifque je vous vois, qui vous pourra, barbare,
Garantir de la mort que ma main vous prépare ?
Quand je vous aurois tous ici pour ennemis,
Je veux qu'on tienne ici tout ce qu'on a promis :
On m'a promis ma fœur, il faut qu'on l'effeétue :
Je lui dois votre mort, il faut que je vous tue :
Voyez fi Dom Juan tient bien ce qu'il promet,
Soit qu'il paroiffe en Maître ou fe cache en Valet.
Dom Fernand, tenez donc la parole donnée,
Commandez que ma fœur me foit vite amenée ;
Et vous le plus mortel de tous mes ennemis,
Battez-vous contre moi, vous me l'avez promis.

D. FERNAND.

Hà, Seigneur Dom Juan, un peu de patience !

D. JUAN.

Pour en avoir eu trop j'ai manqué ma vengeance.

D. FERNAND.

Pourquoi vous êtes-vous déguifé parmi nous ?

D. JUAN.

J'étois jaloux.

D. FERNAND.
De qui ?

D. JUAN.
De lui,

D. Louis.

De moi ?

D. Juan.

De vous.

Je vous ai vu fortir du balcon d'Ifabelle.

D. Louis.

Vous m'en vites fortir ?

D. Juan.

Vous-même, & puis chez elle

Je vous ai vu cacher ; mais ces jaloux foupçons
Ne rallentirent point mon feu de leurs glaçons,
Au contraire il s'accrut avecque violence ;
Lors je me déguifai, & gardai le filence,
Et ne fus pas longtems fans rencontrer en vous,
Un Rival dont j'avois fujet d'être jaloux ;
Vous n'excitiez alors que ma fimple colére,
Et n'euffe jamais cru que la mort de mon frére
Dût fe trouver encore un coup de votre main,
Je vous croyois coquet, & non pas inhumain ;
Enfin j'ai fu depuis qu'une mortelle offenfe
Me devoit contre vous porter à la vengeance ;
J'ai cru que vous étiez coupable envers ma fœur,
J'ai cru que vous étiez fon lâche raviffeur.
Lors par reffentiment plus que par jaloufie,
La fureur contre vous m'avoit l'ame faifie ;

J'ai bientôt préféré, pour vous priver du jour,

Les soins de mon honneur à ceux de mon amour ;

Quand on souffre en l'honneur, l'amour ne touche
    guère,

Maintenant que je vois que de mon pauvre frére,

Que vous avez tué la nuit trop lâchement,

Vous m'osez reprocher la mort insolemment ;

Que pour vous contre moi le Ciel avec la Terre,

Et tout le Genre-humain me déclare la guerre ;

Malgré le Ciel, la Terre, & tout le Genre-humain,

Il faut que vous mourriez aujourd'hui par ma
    main.

D. L o u i s.

Ceux qui me connoîtront, sauront bien que la
    crainte

N'est pas ce qui me fait aprouver votre plainte ;

Quand vous me reprochez que votre frére est mort,

La raison est pour vous, & moi j'ai toujours tort ;

Mais je devois plutôt être par cette offense

Un objet de pitié, qu'un objet de vengeance :

Hélas ! je le tuai, mais comment & pourquoi ?

Et quand je le fus mort, qui pleura plus que moi ?

Il m'attaqua la nuit, & moi sans le connoître,

Je crus, l'ayant tué, n'avoir tué qu'un traître :

Malheureux que je suis ! j'avois tué, sans voir,

Le plus intime ami que je croyois avoir.

Oui, je l'aimois autant qu'on peut aimer un autre.

Puisqu'il fut mon ami, pour devenir le votre ;

Je donnerois mon sang, je donnerois mon cœur,

Et ce discours n'est pas un effet de ma peur.

D. JUAN.

Outre qu'un genereux facilement pardonne,

Cette seule raison sans doute est assez bonne.

Je veux que vous l'ayez tué sans y penser,

Et que vous n'ayez eu dessein de m'offenser :

Mais vous ne vous lavez ici que d'une offense,

Et ma sœur contre vous me demande vengeance ;

Et puisque mon honneur à mon honneur est joint,

Je serai sans honneur, si ma sœur n'en a point :

En l'humeur où je suis, je n'ai pas grand envie ,

Si vous m'ôtez l'honneur, de vous laisser la vie.

D. LOUIS.

Je pourrois bien encore, époufant votre sœur ,

Et vous rendre content, & vous rendre l'honneur ;

Vous n'auriez plus sujet d'en vouloir à ma vie,

Et je n'en aurois plus de vous porter envie,

Quoique je visse à vous avec tous ses appas,

Celle que j'aimai bien, mais qui ne m'aime pas.

C'est de vous que je parle, ô trop sage Isabelle,

Qui ne fûtes jamais envers moi que cruelle.

Dom Juan, quittez donc tous vos jaloux foupçons,
Que le feu de l'amour en fonde les glaçons ;
Ne foyez plus atteint de cette frénéfie,
Ni moi l'objet fâcheux de cette jaloufie.
Il eft vrai, Béatrix m'a deux fois introduit
Dans fa chambre le jour, dans fon balcon la nuit ;
Mais fur ma foi bien loin d'être de la partie,
De me l'avoir promis, ou d'en être avertie,
Sitôt qu'elle le fut, elle l'en querella,
Et Béatrix penfa s'en aller pour cela.

D. FERNAND.

Mon neveu ne dit rien qui ne foit véritable ;
Et fi, cher Dom Juan, vous êtes raifonnable,
Vous ne fermerez plus l'oreille à la raifon.
Chaffons donc le tumulte hors de cette maifon,
Et faifons-y rentrer la joye & l'hymenée :
Çà vite, que Lucréce ici foit amenée,
Et ma fille Ifabelle : hà ! je les vois venir.
Venez, venez tâcher de les bien réunir :
Que je devrai d'encens à la bonté divine,
Puifqu'elle fait finir cette guerre inteftine !
Que je me fens heureux ! & vous, mes chers enfans,
Tant pour votre repos que celui de mes ans,
Devenez bons amis, embraffez-vous enfemble,
Et qu'une bonne paix à jamais vous affemble.

D. J U A N.

Je ne réfifte plus , je fuis votre confeil.

D. L O U I S.

Le plaifir que j'en fens n'eut jamais de pareil.

S C E N E V.

**LUCRECE, ISABELLE, JODELET,
D. JUAN, D. LOUIS, D. FERNAND.**

L U C R E C E.

O Ma chére Ifabelle !

I S A B E L L E.

O ma chére Lucréce !

L U C R E C E.

Que nous avons de joye après tant de trifteffe !
Eh bien, avois-je tort lorfque vous vous plaigniez,
D'affurer qu'il n'étoit pas tel que vous difiez ?

J O D E L E T.

Je n'ai donc qu'à quitter mon habit de parade,
Puifque je ne fuis plus Dom Juan d'Alvarade.

D. J U A N.

Non non , cher Jodelet , gardez tous vos bijoux
Ils vous parent trop bien pour n'être pas à vous.

D. L o u i s.

Vous dont l'amitié m'eſt un don ineſtimable,
Recèvez de ma main cettę fille adorable.

D. J u a n.

Vous que je haïſſois tantôt de tout mon cœur,
Sachez que je ſuis vôtre auſſi-bien que ma ſœur.

D. F e r n a n d.

Allons, mes chers enfans, finir cette journée,
Par l'accompliſſement de ce double hymenée.

J o d e l e t.

Ma foi vous n'êtes pas encorc où vous penſez,
Et les diſcords ici ne ſont pas tous paſſez ;
Il me faut un Portrait que retient Iſabelle,
Qui pends à deux rubans au fond de ſa ruelle.
Moi qui ne ſais ſi c'eſt ou pour bien ou pour mal,
Qu'elle garde un Portrait, perdant l'Original,
Je veux qu'on me le rende, ou bien la comédie
Par moi, Dom Jodelet, deviendra tragédie?
Oui, je la veux avoir, cette Idole de prix,
Pour en favoriſer ma chére Béatrix.

Fin du cinquiéme & dernier Acte.

à Geneve, de l'Imprimerie de PELLET & FILS,